房地产项目全程开发
营销策划管理

天火同人工作室　组织编写

化学工业出版社

·北京·

内容简介

《房地产项目全程开发：营销策划管理》是进行房地产项目操盘的工具书。做好前期策划、项目定位、价格制定、营销推广、销售执行等工作是操盘手的核心职责。本书从房地产营销工作的特点切入，阐述如何做前期市场分析，如何做营销布局，如何完成销售目标。为解决项目操盘中如前期市场研究的方法，调研数据形成专业报告的方式，项目精准定位的落实过程，营销计划的编制步骤，推广策略的实施节奏，销售业绩的精准管理等诸多难题，一一给出方法和策略。

本书适合房地产行业的专业人士作为工作手册使用，尤其适合策划、营销、销售三大类岗位从业人员学习参考，同时也可供房地产相关专业师生作为参考资料使用。

图书在版编目（CIP）数据

房地产项目全程开发．营销策划管理/天火同人工作室组织编写．—北京：化学工业出版社，2022.5
ISBN 978-7-122-40961-4

Ⅰ．①房…　Ⅱ．①天…　Ⅲ．①房地产开发-营销策划
Ⅳ．①F293.3

中国版本图书馆 CIP 数据核字（2022）第 042564 号

责任编辑：王　斌　毕小山　　　　　　文字编辑：刘　璐
责任校对：赵懿桐　　　　　　　　　　装帧设计：韩　飞

出版发行：化学工业出版社（北京市东城区青年湖南街13号　邮政编码100011）
印　　装：大厂聚鑫印刷有限责任公司
710mm×1000mm　1/16　印张11¾　字数230千字　2022年7月北京第1版第1次印刷

购书咨询：010-64518888　　　　　　售后服务：010-64518899
网　　址：http://www.cip.com.cn
凡购买本书，如有缺损质量问题，本社销售中心负责调换。

定　　价：68.00元　　　　　　　　　　　　　　版权所有　违者必究

本书编委会

策　　划：天火同人工作室

主　　任：刘丽娟　　龙　镇

委　　员：刘丽娟　　龙　镇　　马　利　　龙　华　　卜昆鹏
　　　　　张连杰　　仲文佳　　吴仲津　　杨春烨　　陈秋珊
　　　　　曾惠玲　　伍明艳　　李中石　　曾庆伟　　刘彩云
　　　　　刘国清

特约编辑：曾惠玲　　陈秋珊

装帧设计：杨春烨

支持机构：广州赢房房地产咨询有限公司

目录

第1章

房地产营销管理的要求及规范

　　房地产营销是一项基于市场状态，为房地产项目的定位、产品设计、营销、推广、销售、物业管理等一系列环节提供合理建议、策略及执行方案的过程。它是一项综合性很强的工作，要借助市场、产品、客户、广告及销售等管理专业知识，为项目中的问题提供有效解决方案。

　　如何理解房地产营销？

　　① 房地产营销是房地产营销管理环节的核心工作，是对房地产项目未来营销推广进行整体、系统筹划的超前决策。策划的本质是科学思维，是对不同思维方式的系统化运用。

　　② 房地产营销的主要目标在于取得理想的营销推广效果。

　　③ 房地产营销的主要环节包括精确分析开发项目的市场环境，以分析结果为基础制定项目营销战略，依靠营销战略明确项目营销策略，根据营销策略拟定营销计划，指导推进项目的销售执行，监控项目中各类营销活动的推进，最终实现项目销售目标。

　　房地产项目营销有三个功能：

　　① 辅助项目在整体市场竞争中获胜；

　　② 为项目建立起营销体系；

　　③ 优化项目营销的繁杂工作流程。

1.1 房地产营销管理的八大特性

（1）保持系统性

完成一项房地产营销工作要涉及大量因素，不同因素间存在一定的关联性。这些因素在一定程度上互相影响、互相制约，是一个有机整体。因此，房地产营销要保持系统性。

① 影响房地产营销的宏观因素：房地产市场的各类影响因素、各级政府颁布的有关政策，如房地产产业政策、金融政策、财政政策等，以及人口数量、收入水平等社会经济环境因素。这些宏观因素会影响房地产市场的供求结构及其销售变化趋势。

② 影响房地产营销的微观因素：房地产营销中各类资源的输入与输出，营销战略的输入与输出。这些微观因素会影响房地产项目战略、策略和执行技术等管理策略。

（2）整体具有全局观

房地产营销的整个过程包含：立项、分析决策、产品设计、报建、施工、推广销售等诸多开发环节，项目开发过程中还包括管理、实施、反馈调整和结果检测等多个过程。制作营销方案，要有全局观，每个过程不会孤立存在，要相互配合，各环节间没有互相矛盾或相互抵触的策略。检验营销策划方案是否具有全局观有四个标准（图1-1）。

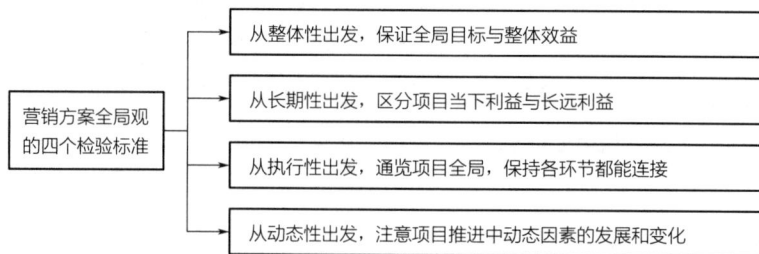

图1-1 营销方案全局观的四个检验标准

（3）数据分析保持客观性

一项完整的营销工作要分四个阶段来完成：研究业务和市场、输出策略、撰写和论证、最终提交。无论哪个阶段的工作，都要先从大量的市场信息调研、收集、加工、梳理和使用开始，使营销人员的主观意愿无限符合策划对象的客观实际。

分析数据保持客观性是营销的第一个工作准则，遵循客观性原则，须注意以下四个标准（图1-2）。

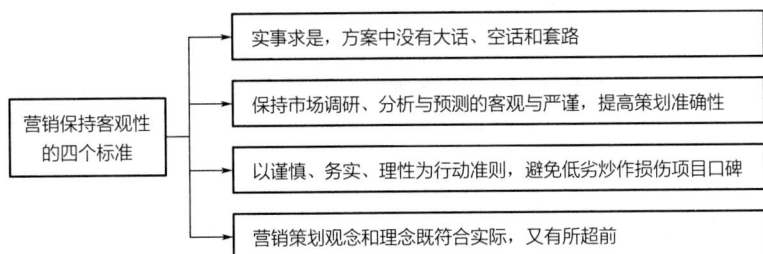

图1-2 营销保持客观性的四个标准

（4）观念与时俱进具备创新性

房地产营销是靠创新思维取胜的工作。项目创新按不同种类和层次可以分为很多板块：产品、服务、技术、管理、制度、品牌、理念，每个环节都有创新空间。

营销创新主要表现在三个方面：

① 项目定位及策划方案的创意创新；

② 营销推广的实施策略创新；

③ 推广传播的手段和工具创新等。

（5）方案具备可执行性

任何方案都是要拿来使用和指导工作的。房地产营销人员心中要时刻有科学性、可行性这根弦。一份营销方案的可执行性主要体现在三点。

① 方案可行。指方案能让项目应对未来千变万化的市场。

② 经济投入可行。项目运作是否做到以最小经济投入实现最高营销目标。

③ 有效性可行。指房地产营销方案实施过程中合理利用人力、物力、财力和时间，达到甚至超过方案设计的要求。

（6）策略有调适空间

营销的调适性原则是要求房地产营销能在动态变化的环境中，及时准确地把握目标与信息的变化，把握营销主动权。调适性原则是完善房地产营销方案的重要保证，检验营销方案调适性的标准有四个（图1-3）。

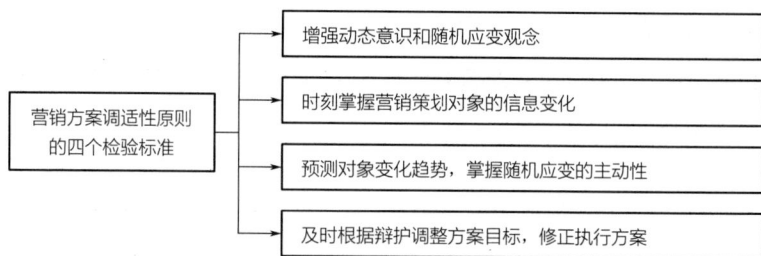

图1-3 营销方案调适性原则的四个检验标准

营销方案调适性原则的四个检验标准：
- 增强动态意识和随机应变观念
- 时刻掌握营销策划对象的信息变化
- 预测对象变化趋势，掌握随机应变的主动性
- 及时根据辩护调整方案目标，修正执行方案

（7）整体运营融合人居的人文性

做房地产营销非常强调社会人文精神，让消费者获得精神上的享受和心理上的满足是营销的基本切入点。一个房地产项目的个性、精神状态，归根结底要依赖人文演绎。

人文精神包括人口意识和文化意识。人口意识是指人口的数量和质量水平、年龄结构、家庭婚姻等表现出的社会思想；文化意识是指人们在特定社会中形成的特定习惯、观念、风俗及宗教信仰等表现出的社会思想。

人文精神是一个项目的原生环境，把人文精神贯穿到营销的每个环节中去，如植入当地特色文化、当地有影响力的历史民俗等，是塑造项目文化个性的重要策略。

在项目实际开发操作中，项目营销策划方案的人文性要求体现在以下四点（图1-4）。

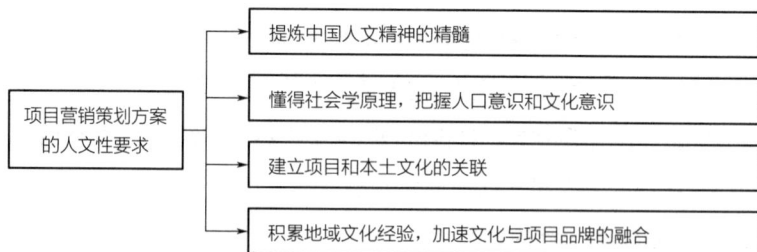

图1-4 项目营销策划方案的人文性要求

项目营销策划方案的人文性要求：
- 提炼中国人文精神的精髓
- 懂得社会学原理，把握人口意识和文化意识
- 建立项目和本土文化的关联
- 积累地域文化经验，加速文化与项目品牌的融合

（8）政策和法律的敏感性

房地产商品流通有两个重要特点。

① 房地产商品流通实质是产权流转，而非房地产商品实体移动。房屋买卖涉及非常多的国家政策、法律条款。

② 房地产产业在国民财富和社会经济生活中的地位举足轻重。政府会通过各种形式进行调控。

因此，房地产营销的市场环境分析，营销策略的制定，都须密切关注当前与房地产市场相关的政策及其变化趋势，体现出对国家政策和法律法规的敏感性。

1.2 房地产营销人员的两大专业能力

房地产营销是对从业者有高智商、高要求、高综合素质要求的岗位。房地产营销人员的素质和专业水平高低、眼光长远与否，与两项核心能力有关。

（1）全局市场研究能力

全局市场研究能力包括以下三个方面：

① 能做好透彻客观的调查研究，即能对客观实际情况做深入调查了解和分析研究；

② 避免对市场信息做简单堆砌，能进行严密的逻辑推演，洞察机会，通过抽丝剥茧寻找到行业发展的规律和未来的发展趋势；

③ 所有的观点和判断，都是在研究、论证、讨论、反馈后，经过几个环节的更新调整得出的最具专业价值的真知灼见。

（2）整合营销能力

房地产营销人员要具备整合营销能力，游刃有余地运用各种营销理论和微观经济理论，将独立的营销板块综合成一个有协同效应的整体（图1-5）。

整合营销的基础是高度专业化的分工。围绕项目整理与组合、品牌、社会关系等营销关键要素，系统控制从投资决策到物业管理的全过程。有效整合资源，对房地产营销人员有三点要求（表1-1）。

表1-1 整合营销对房地产营销人员的三点要求

能力要求	详情释义
能精练地整合资源	整理、分类和组合资源，抓住重点，达到"1+1=3"的最佳效果
能透彻领悟房地产项目主题	围绕项目主题整合资源，保证整合资源而不偏离中心
善于挖掘企业隐性资源	挖掘、提炼不易被发现的创新性、独到性的企业内外部资源

```
            ┌─────────────┐
            │  建立数据库   │
            └──────┬──────┘
                   ↓
            ┌─────────────┐
            │  确定目标市场  │
            └──────┬──────┘
                   ↓
            ┌─────────────┐
            │   接触管理    │
            └──────┬──────┘
                   ↓
            ┌─────────────┐
            │  制定营销战略  │←───────────  营销战略整合
            └──────┬──────┘
                   ↓
            ┌─────────────┐
            │  了解营销工具  │
            └──────┬──────┘
       ┌────────┬──┴────┬────────┐
    ┌────┐  ┌────┐  ┌────┐  ┌────┐
    │产品 │  │价格 │  │分销 │  │沟通 │←─────  营销工具整合
    └────┘  └────┘  └────┘  └──┬─┘
                               ↓
                    ┌──────────────┐
                    │ 了解营销沟通工具 │←─────  营销沟通整合
                    └──────────────┘
```

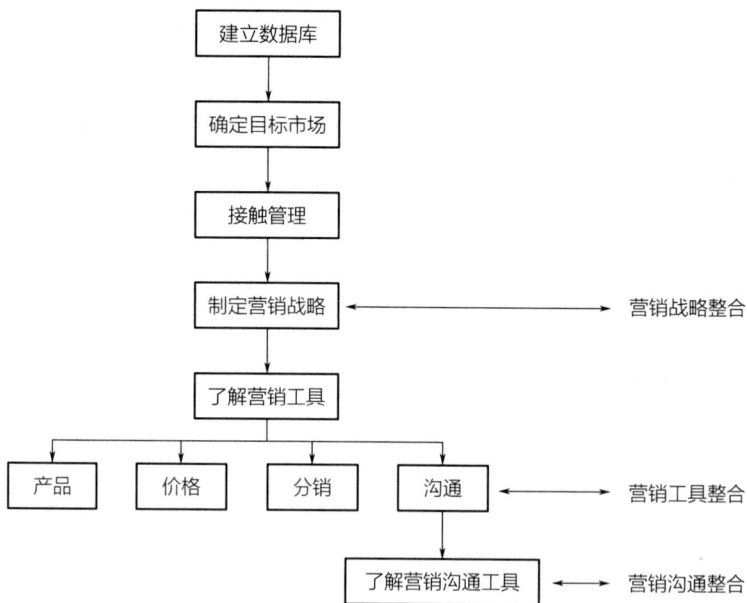

图1-5 整合营销的全程工作流程

1.3 房地产营销报告的撰写要点

房地产营销是一项系统工程，是一门致力于实践应用的学问，表现为能形成一份对项目未来的营销活动做出全面规划的市场报告。

撰写房地产项目营销报告，首先要确定一个科学的营销学理论框架，然后再对项目进行分析研究，确定营销战略和执行体系，这份营销报告最终要成为指导项目营销的总体部署方针。撰写房地产营销报告是房地产营销策划的重要工作，撰写这样一份营销报告有四个要点。

1.3.1 围绕房地产全行业做市场研究

房地产营销依赖于对行业的分析研究，除了基于宏观市场做深入研究，还要对客户市场做分析。

（1）整体市场发展趋势分析

房地产整体市场发展趋势分析是指对项目所在城市、市场容量等要素进行深入判断。房地产市场变化较快，这类分析一般只对比分析三年内及本年数据就可以，包括年度供销、存效和价格情况。通过对市场供求变化的情况说明，解释房地产市场的供、求、价的增速变化，目的是依据市场新增的供求情况，预测下一年度的市场整体情况。

（2）区域市场增长状况分析

区域市场增长状况分析是指对项目所在区域和竞争分流区域的分析，这类分析需要三个步骤：

① 分析区域中三年内的整体供销、存销和价格情况；

② 分析产品类型供销结构和总价段的"供、销、存、供销比、存销比"等几个重要指标结构；

③ 结合区域未来的供应结构情况，推导区域未来一段时间内入市产品的最佳选择机会，包括具体户型、面积和总价。

（3）全方位市场产品研究与分析

一个房地产项目的全方位市场研究与分析包括：

① 研究市场上各产品类型；

② 研究市场上各类产品面积；

③ 研究市场上各类产品总价段"供销存、供销比、存销比"等。

1.3.2　用 4P 理论解决具体问题

解决实践问题需要科学方法。4P 理论是营销学上的一个专业理论，是解决现实问题的核心。4P 即产品（Product）、价格（Price）、渠道（Place）和促销（Promotion），详细内容见表1-2。

表1-2　房地产营销的4P理论

内容	价值	含义
产品策略 Product	房地产营销要面对的首要问题	①产品能体现针对市场需求的思想；②体现产品性能、特点与服务保证等规划设想
价格策略 Price	房地产营销活动的重要手段	①掌握房地产产品价格理论与产品定价方法；②灵活运用各种定价的策略
渠道策略 Place	房地产企业重要的策略之一	包括传播渠道、推广渠道、销售渠道等内容
促销策略 Promotion	房地产企业和潜在消费者的产品沟通方式	包括广告、公关、营销推广、人员推销构成

在房地产项目营销管理过程中，满足顾客购房需求，实现项目经营目标，不仅要考虑单一的营销因素或手段，还要从市场需求和营销环境出发，形成统一的市场营销组合，获得整体效应。房地产营销的4C理论，见表1-3。

表1-3　房地产营销的4C理论

内容	详情释义
顾客Consumer	寻找顾客，了解需求。如目标顾客要什么类型的房屋、空间容量大小、顾客购买力如何
成本Cost	计算企业提供房屋产品的精确成本，结合顾客购买能力，决定价格策略和利润标准
便利Convenience	确定让消费者最易接近的销售方式，包括付款方式等
沟通Communication	用企业的服务、产品与顾客进行沟通，促使顾客做出购买决策

1.3.3　规范撰写房地产营销策划书

营销书是对楼盘营销系统的文本阐述，是反映楼盘营销的一种应用性文件，是把项目运营的观念性思想变成可阅读的文字、图表的文本。经过审核确定下来的房地产营销策划书，是楼盘营销运作的依据。

在日后运营使用过程中，还要根据运作实际情况做相应调整、充实、完善。

1.3.3.1　熟知营销策划书的撰写要求

房地产营销策划书是对房地产项目系统的综合概括和整体表达。根本目的是实现和提高销售业绩。撰写营销策划书必须重视营销实施的阐述。

营销策划书中关于营销组织、营销培训、营销现场、营销流程的规定，都是基于对楼盘的营销实施、销售现场效率、楼盘成交率的管理。

撰写营销策划书应遵从五个重要原则（图1-6）。

（1）结构完整，逻辑严密

营销策划书是应用性文本，须着眼于"营销链"的编织。构思上体现逻辑性思维，方案中各内容板块间富有逻辑关系，在统一的结构下内容排列主次分明，而非一盘散沙。

构思营销策划书的三个步骤：

① 交代策划背景，分析房地产发展现状，再呈现策划的整体结构；

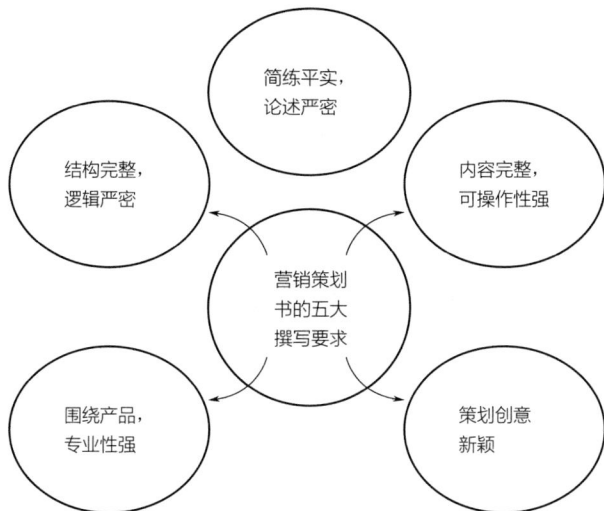

图 1-6 营销策划书的五大撰写要求

② 对具体策略内容进行详细阐述；

③ 对每一环节的问题都提出解决的对策。

（2）简练平实，论述严密

撰写营销策划书要注意突出重点，结构完整，内容详实。抓住要解决的核心问题，深入分析。在内容撰写上，不能轻描淡写，力求言近旨远。可行性对策部分的针对性要强，有实际操作意义。

（3）内容完整，可操作性强

作为应用性文本，房地产项目营销策划书的可执行性要非常强。结论要基于实际调研得出，战略要符合项目现状，策略要便于解决局部问题。

衡量方案可操作性的标准有两点：

① 整体思想契合项目营销与市场的实际需要，针对性和指导性强，内容完整全面，能成为后续工作的纲领性文件；

② 对操作步骤与方法的阐述清楚具体，比如目的、要求、方式、方法、进度等，使用者一看即懂，让下级部门依此出具本部门的执行方案。

（4）围绕产品，专业性强

房地产营销的本体是建筑物，楼盘产品永远处于第一位。营销策划书必须要基于楼盘产品，从市场需求角度研究策划。对楼盘产品关注介入程度的深浅，是衡量营销策划书专业程度高低的重要标准。

（5）策划创意新颖

创意新颖是营销策划书的核心内容，要求策划的"点子"（创意）新、内容新、表现手法给人以全新的感受。创意的本质可以通过六个字体现：旧元素，新组合。营销策划书的创意，本质是发现需求，满足需求，无论如何创意，不要偏离创意的目标。

1.3.3.2 把握营销策划书的基本内容

房地产项目营销策划书没有一成不变的格式，它须根据产品或营销活动的不同要求，在内容与格式上发生相应变化。无论格式如何变化，一份完整的房地产营销书通常由七个部分构成（图1-7）。

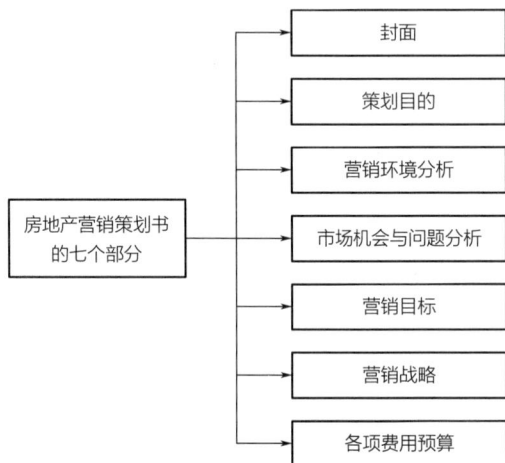

图 1-7 房地产营销策划书的七个部分

（1）封面

营销策划书的封面内容包括：名称、完成日期、适用的时间段和客户名称。

（2）策划目的

策划目的是指营销的宗旨、要达到的目标，以此明确操盘思想，强调执行要求，统一全员思想，协调行动，保证方案的高质量完成。

（3）营销环境分析

分析当前市场营销环境。包含四方面内容：①当前市场状况及市场前景分析；②区域竞争性楼盘分析；③项目楼盘市场性、现实市场及潜在市场的状况分析；

④房地产市场的影响因素分析。

（4）市场机会与问题分析

市场机会与问题分析包括两方面的内容，分别是：①分析项目目前的营销问题、机会；②针对项目特点分析其优势、劣势。

（5）营销目标

营销目标主要是指编制或确定项目的全景计划，明确设置方案执行期间，项目的各类管理目标：经济效益目标、总销售率、客户目标、月度销售目标、预计总销售天数等各类目标。

（6）营销战略

营销战略包含对六大方面内容的详尽阐述。

① 营销宗旨：项目营销的整体思想和首要目标。

② 产品策略：通过分析产品市场机会与问题，提出合理的产品策略建议，内容包括产品定位、产品质量功能方案、产品品牌、产品包装、产品服务等策略。

③ 竞争策略：包括项目定位、功能定位、楼盘品牌、楼盘包装、价格策略等。

④ 销售策略：指销售渠道及平台使用策略。

⑤ 推广宣传计划：包括推广方式、媒体广告选择、卖点整合、分阶段推广等内容。

⑥ 行动方案：根据策划期内各时间段特点，推出各项具体行动方案，内容要求细致、周密、操作性强又不失灵活性。

（7）各项费用预算

各项费用预算指整体营销方案在推进过程中的费用投入，包括营销总费用、阶段费用、项目费用等，费用预算的原则是以较少投入获得最优效果。费用预算计算方法可凭企业操作经验，做具体分析。

1.3.4 制定明确的营销计划及执行纲领

为保证营销书顺利执行，房地产营销人员必须制定相应的营销计划及执行纲领，将所有的战略和战术均落实到执行计划中。计划要对营销活动的计划概要、项目盈利、项目效率等进行监督、评价、控制，并预见可能出现的各种问题，明确解决措施。房地产营销计划的七大内容，见图1-8。

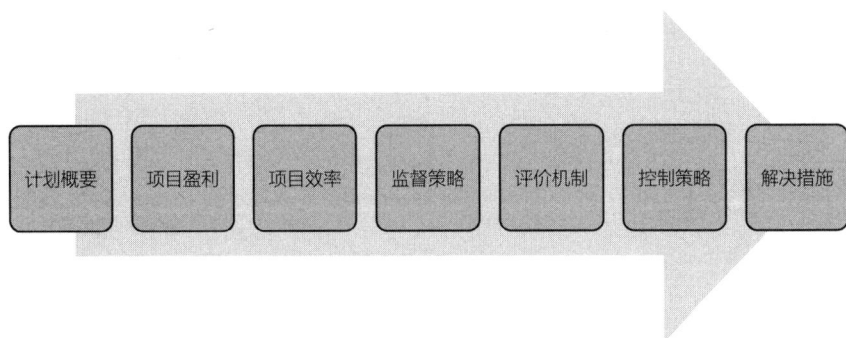

图 1-8　房地产营销计划的七大内容

计划概要　项目盈利　项目效率　监督策略　评价机制　控制策略　解决措施

1.4　房地产营销部的组织架构

营销部是房地产企业的龙头部门，是以营销工作为核心的职能部门，主导房地产项目的营销运作与管控。

如今的房地产企业开发，都使用全国布局战略。房地产企业的组织设计，主要体现企业总部和各区域公司及项目一线公司的管控关系。

房地产企业的营销管控模式分三种：总部管理、总部支援、节点把控。组织架构发展的根本趋势是企业总部权力下放，区域公司做大做强。

很多大规模房地产开发企业都采取节点把控模式，即总部营销中心在项目重要事项（如推盘、定价）和重大营销节点（如前期准备、认购、开盘、重大活动等）进行把控和阶段性支援。

具体的管理权力下放给区域公司，让工作在一线市场中的人做决策，更好地保证一线的战斗力与灵活性，最终实现企业销售目标。

1.4.1　营销部常用的组织架构

无论房地产开发企业如何调整企业管理组织架构，管理具体项目的区域营销部的基本职能都是固定的。

一个高效的营销部，必须具备三个特征：①在企业资源配置方式下，有合理的组织架构，配有称职且出色的营销负责人；②非常明确关键岗位职责和工作边界；③有具体细化的工作执行流程。达到以上三点，就能确保营销部的工作全面细致地展开，执行效率稳步有序提升。

营销部除了营销总监这个核心岗位，还包括三个主要部门：策划部、销售部和客户部。另外设有渠道经理、专职后台，负责合同管理及企业内部协调事务。

营销部的组织架构设置，最主要的是体现营销部有什么功能，功能板块的问题由谁来解决。

（1）营销部项目管理组织架构

房地产企业营销部项目管理组织架构，见图1-9。

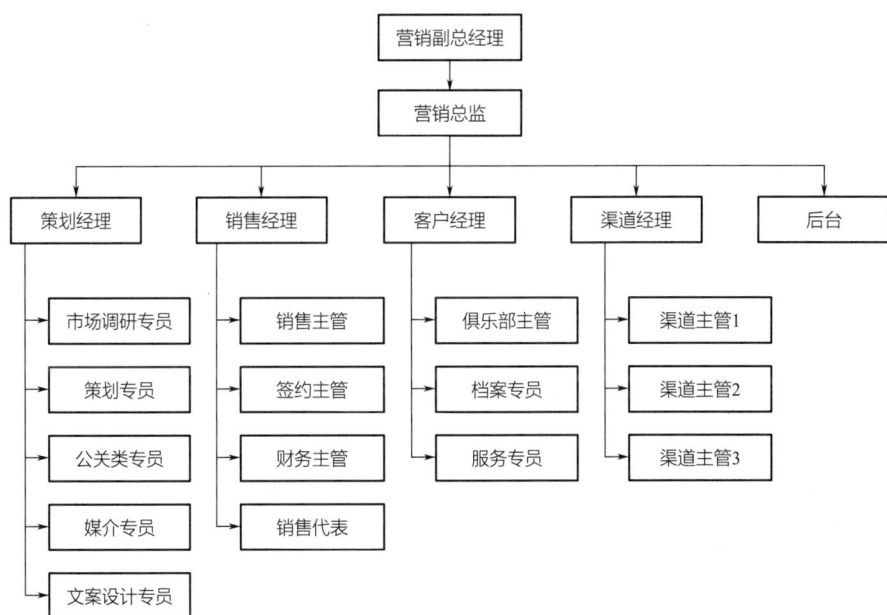

图1-9 营销部项目管理组织架构

（2）营销部区域平台管理组织架构

营销部区域平台管理组织架构，见图1-10。

房地产企业营销部的区域平台组织架构中的平台渠道负责人主要负责三件事：制定标准化、控制核心节点、机动销售团队。渠道管控人员主要负责制定渠道标准化管控制度，重点管控项目蓄客节点，倒逼蓄客指标，成立渠道"机动销售团队"，在不同项目的重大节点上采取定向支援。区域平台的组织架构，必须能匹配销售一线可以执行的政策。

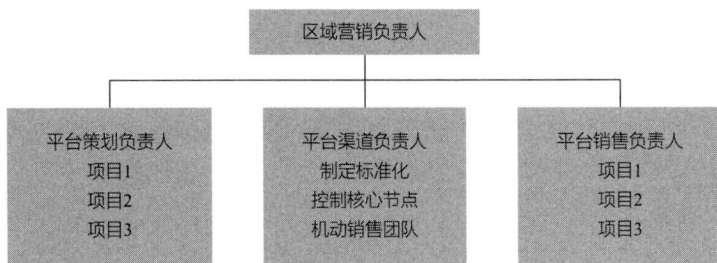

图 1-10 营销部区域平台管理组织架构

1.4.2 营销总监

营销总监是营销部非常关键的角色。虽然一个部门里，很多员工的个人能力及业绩十分出众，但很可能因为缺乏领导者的宏观思考和战略格局，成为一个失败的部门。

在企业营销部中，营销总监一职全面统筹负责整个营销部的组建、管理和工作协调，营销总监需要直接对接企业分管营销工作的副总经理，并对项目总经理负责。主要工作有四点：①借助充分的市场调研，根据项目定位、工程进度出具项目营销总方案；②对策划、销售和客户做出纲领性规划；③建立高效的工作机制，根据决策者对营销工作的指导意见，定期组织例会、专题会，沟通工作细节；④详细督办各项工作，带领营销部完成公司规定的任务。

1.4.3 策划部

策划部由策划经理领导和管理。策划部经理主要负责统筹执行项目的调研、策划、媒体、广告、文案、设计等工作，设有市场调研专员、策划专员、公关专员、媒介专员、设计等岗位。

策划经理的主要工作职责是：①协助营销总监拟定项目营销总体方案；②依据方案来制定年度、季度、月度的专题策划、宣传推广、公关活动等目标计划；③指导部门相关人员落实营销中的具体事宜。

1.4.4 销售部

销售部由销售经理领导，直接对销售业绩负责。这个部门强调销售战术等微观管理，一般销售部主管由销售业务能力和业绩都出类拔萃，拥有丰富的一线基层业务操作管理经验的人担任。销售部设有销售主管、销售客服、销售内业、置业顾问等岗位，负责销售业务。

销售经理的主要工作是：①负责销售部的日常管理工作，包括团队组建、销售管控等；②承担项目销售业绩的主要负责人的职责；③负责销售目标管理；④培训和培养自己部门的销售骨干，凝聚人心，找到市场销售突破口。

1.4.5 客户部

房地产企业客户部的核心工作是做好客户维护。房地产项目销售金额大，销售周期长、涉及企业资源多，客户管理是营销和销售的重要基础。好的房地产品牌都非常重视对服务的管理。消费者需求和服务要求不断升级，客户部门逐渐转变为客户关系管理部门，工作性质由基础客户服务向客户价值管理转变。

如今的房地产企业，通过持续的客户营销，逐渐建立起自己的客户信息数字化系统。如何从更高层面利用好这些客户资料，是房地产企业客户部的重要工作。

客户部门由客户经理领导，设有俱乐部主管、档案专员、服务专员，负责项目的客户服务业务。

客户经理的主要职责是：①收集录入客户信息和需求；②对客户建立架构性认识；③建立健全并改善企业与客户间关系的管理系统。

1.5 房地产营销团队的五大管理重点

房地产企业营销部属于实施具体打法和路径战术的部门。部门在策划、销售、渠道、管理等四个方面的工作计划由营销团队自己制定和执行。因此，营销团队必须首先是一个以实战能力胜出的团队，须根据市场和需求不断提高自身的各项能力，适应市场，创造业绩。

1.5.1 建立高效销售团队

一些西方管理学学者，一般会认为销售管理就是对销售人员或销售团队的管理。一个成员关系良好的团队有三个特征：①目标统一明确；②团队氛围和谐；③团队文化建设良好。

一个高效的销售团队须具备五个要素：专业的产品知识、高超的销售技巧、无限的销售潜能、奖惩分明的激励机制、科学合理的销售流程（图1-11）。具备这五个要素，才能提高员工的积极性、热情度、主动性，才能有优秀高效的团队。

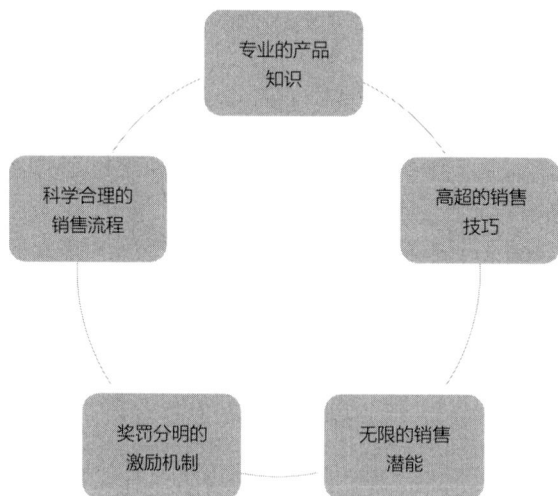

图 1-11 高效的销售团队需具备的五个要素

1.5.2 培养团队专业能力

专业能力培训是培养团队技能的常规且必要的课程，是销售团队战斗力的根本保障。对营销团队专业能力的培养有四个方向。

（1）培养策划、销售、传播通才

一名优秀的房地产营销人员，必须懂策划、懂销售，还要懂传播渠道。房地产领域的通才，表现为会做市场数据分析，知道客户从哪里来，通过成交数据分析客户共性、客户兴趣，在营销和销售中，以不变应万变。

（2）房地产产品力培训

房地产开发的一个显著特征是营销能力前置。营销部门在开始销售之前就要懂市场、懂产品、懂客户。很多企业都会安排营销人员下沉到销售案场，听销售人员谈客户，研究客户关注哪些产品功能，喜欢哪些设计，定期做客户深度访谈，了解客户对产品的看法和需求。

（3）销售专业技术培训

通过销售方法、销售话术、客户维护和拓展等主体培训，实现销售能力提升。

（4）建立学习型组织

房地产销售工作涵盖的知识范围广，接触的客户类型多种多样，做好销售的根本原因就是学习，随时更新吸纳新的专业知识，及时补充当前政治、经济、金融、消费心理等方面的知识。在客户面前塑造专业形象，赢得客户信赖。

1.5.3 实施运营目标管理

把企业管理转化为目标管理，这是激励理论中的常识。清晰的目标有利于适配内外部环境的变化，指引企业发展方向，有利于企业和员工齐心协力。

在一个组织里，公司战略导向和年度经营计划是所有部门工作的总目标。所有的部门工作都要围绕这个总目标展开。房地产企业的战略目标最终可分解到销售目标（图1-12）。

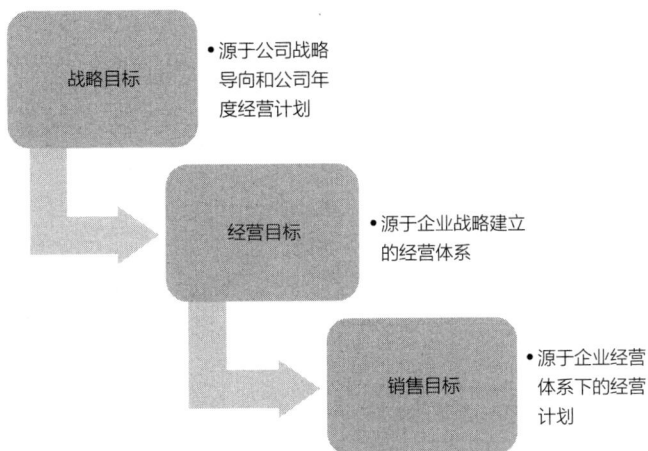

图1-12 房地产企业战略目标最终分解到销售目标

在房地产企业运行中，有目标计划，才能谈运营管理。房地产企业的整体运营，就是对四大类目标的管理（图1-13）。

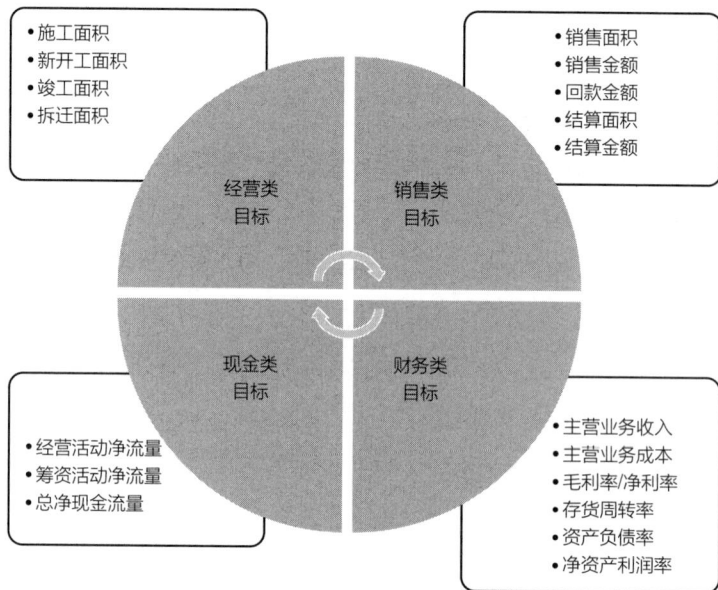

- 施工面积
- 新开工面积
- 竣工面积
- 拆迁面积

- 销售面积
- 销售金额
- 回款金额
- 结算面积
- 结算金额

经营类目标

销售类目标

现金类目标

财务类目标

- 经营活动净流量
- 筹资活动净流量
- 总净现金流量

- 主营业务收入
- 主营业务成本
- 毛利率/净利率
- 存货周转率
- 资产负债率
- 净资产利润率

图1-13 房地产开发企业的四大类目标

1.5.4 实行销售目标管理

房地产项目管理是一个复杂的系统，由许多总项、分项活动构成。为保障房地产项目销售目标的实现，必须要科学地分解目标：①把公司目标、部门目标、小组目标、个人目标做层层分解；②把目标降级分解，让大目标变成小目标，难实现的目标变成简单目标，远期目标变成当期目标。

（1）销售目标管控原则

管理房地产项目要在完整的运营管理体系下统筹把控决策、计划、分解、检查、反馈调整等重要环节。经过对整个系统的深入思考，将目标、任务、控制点、举措、计划、责任人、标准、资源和支持等维度统筹规划，形成能保障目标落地的具体工作计划表。

（2）销售目标设定方式

团队销售目标设定有两种方式。

① 按不同进程的销售率设定目标。目标通常转化为销售面积或销售额。如本年度项目销售率要求达到60%，则可根据项目的销售进度、可销售时间进行目标分解，可直接以要求达到的销售率，也可以销售均价折换后的销售金额作为团队目标。

② 按不同阶段资金需求设定销售目标。整体目标会被再分解为团队的销售目标。如项目资金需求为5亿元，需要通过销售解决资金需求问题，则将团队销售目标设定在这个基础上，再根据不同的销售阶段，围绕总目标来设定不同阶段的销售目标金额。

（3）销售目标分解管理

销售目标分解是把总体销售目标分解为一个个具体目标的过程。目标分解管理有三个步骤：①设置与分解目标；②实施与跟踪目标；③达成与评估目标。

从目标分解原则的角度讲：①团队销售目标应高于既定预期目标，这是销售团队专业性的体现；②要结合企业相关条款，综合评判项目销售要求和市场供需情况，确定合理、可行的团队销售目标。

（4）销售目标内容明确

房地产项目开发特别强调基于战略部署的目标计划管理。每一个销售目标，都应最终分解至销售员个人，并明确权责关系。

目标分解管理需要做到六个明确：①任务明确，向员工明确具体任务目标，销售主管需要签署责任状；②期限明确，向员工明确阶段任务和总任务完成期限；③结果明确，必须明确员工最终结果考核标准；④分工明确，遵循公平公开的原则，合理分配员工任务；⑤责任明确，明确员工在执行过程中应当担负的责任；⑥奖惩明确，明确员工奖励标准及标准尺度。

（5）目标实施与跟踪

销售目标过程管理直接决定销售结果。销售目标下达以后，必须定期检查，做到日事日毕。

① 时刻关注销售行为和市场动态。保证团队的每个成员都有清晰的目标感，高度专注于重要事情。在任务执行过程中，管理者要时刻关注员工行为，及时纠正敷衍了事的工作现象。时刻了解员工目标完成情况以及最新市场动态信息。

② 观察员工情绪。团队中的每个成员对目标的理解一致，才能达到齐心协力，避免因方向分散造成工作内耗。管理者要经常观察和体验员工情绪，通过定期谈话

及时帮助调节，管理好员工情绪。

③ 员工互相监督。将优势资源运用在最重要的事情上，减少资源浪费，时刻鼓励员工相互监督与纠察，杜绝一切失当行为。

（6）销售目标达成、评估与考核

① 细化目标。根据过程反馈，进一步细化目标，各部门主管要按时间节点，制定本部门工作计划，保证员工工作内容和方向的准确性。

② 设定检查点。根据员工能力、经验、目标难点设定检查点，有效控制执行过程。

③ 监控手段。渠道主管应当采用适当的监控手段，监控手段可设置专门监督员、相应行为准则和制度等。

④ 目标考核。通过房地产企业制定的绩效考核系统进行销售业绩考核。

1.5.5　团队关系及文化建设

团队文化即团队的行为文化。一个平庸的营销团队，表现在三个方面的管理不足：①思想不统一；②价值观不一致；③人才成长土壤和培养机制有重大缺陷。优秀销售团队制胜的关键是团队所具有的文化和愿景。

1.5.5.1　用愿景和目标激励团队

目标是一个团队前进的方向与动力，是凝聚团队的第一要素。一个团队的团结关系必须用共同愿景和目标去维系。

（1）荣誉目标

确立荣誉目标是房地产营销团队关系管理经常使用的方法。荣誉是对一个人的认可与肯定，是一个人能力与价值的体现。一个团队获得的成就越大，个人荣誉也越多，团队凝聚力就越强。

（2）经济目标

确立经济目标是最现实、见效最快的团队激励手段。这个经济目标可以是项目整体的目标，也可以是集体目标与个人目标结合起来的目标，通过绩效、佣金、红利、企业团建等方式实现。

（3）生活目标

生活目标通常与经济目标相辅相成。经济目标多指收益，生活目标则侧重于员工物质生活上的满足，比如给予假期、奖励数码办公工具、发放员工健身卡等。生活目标比较直接具体，经常作为短时间内的激励手段。

（4）事业发展目标

事业发展目标对团队和个人成长都具有重要意义。企业给员工提供学习深造机会，使员工接受专业的培训与锻炼，达到职位晋升，用个人能力提升实现团队管理。

利用事业发展目标管理团队，还要注重培养员工制定个人成长目标，让团队成员有自我发展意识，使每个成员都得到成长。

1.5.5.2 用团队文化建设凝聚战斗力

团队文化建设，是为所有团队成员营造和维护一种快乐的工作氛围。团队文化建设方式有很多：

① 举办团队活动，如郊游、聚餐，包括成员的生日和婚庆等；

② 满足团队成员愿望，体现付出与收获的对等；

③ 定期召开工作沟通会议、思想分享交流会议、不定期项目销售会议和项目策划会议，增强成员的参与感；

④ 通过与不同房地产楼盘销售团队间的良性竞争，加强团队凝聚力。

1.6 房地产营销团队奖励机制制定

营销部是一个以结果为导向的职能部门，向来以业绩论英雄，尤其是销售部。为了保持团队的竞争力与活力，必须建立有效的奖励机制，实行各种方式的激励，以调动团队的积极性，激发团队的潜力，使每个团队成员保持充足的工作热情，促进个人与团队的成长。

1.6.1 奖励制度的三大原则

制定适当的奖励制度，将其与项目营销成果联系，才能真正激发营销人员的积极性与主动性，充分调动营销人员达成团队目标的意愿。

1.6.1.1 以销售目标为奖励核心

奖励制度必须有助于项目销售目标的实现，这是奖励制度的根本核心。

1.6.1.2 奖励方式灵活多样

奖励方式大体上可分为三种：奖金奖励、精神奖励和晋升奖励。在实际操作中，往往将多种奖励方式进行有效组合，相辅相成，有助于提高奖励的针对性与有效性，更能提升员工的满意度，增强组织的活力和凝聚力。

（1）奖金奖励

奖金奖励是一种非常有效的激励方式，包括年度奖金、项目奖金、其他奖金三种方式（表1-4）。

表1-4　奖金奖励的三种方式

奖励方式	释义
年度奖金	按照财务年度经营成果进行核算的奖金，可以满足做出贡献的营销人员对回报的预期，也符合及时激励的原则
项目奖金	按照单个项目的经营成果进行核算的奖金，可以避免相关的风险； 按照项目来准确界定奖金受惠对象，提高激励效果
其他奖励	针对开发周期较长，使用年度奖金和项目奖金无法达到及时激励效果的奖励方式

在实际操作中，可以以年度奖金为主，项目奖金作为补充，其他奖励形式维持总体平衡的方法。对中小型营销团队，以团队为单位的奖励，更能提升团队成员合作的默契度。

（2）精神奖励

销售人员需要依靠强大的精神支撑才能做出更卓越的业绩。任何销售人员都希望得到公司和社会的承认和赞同。公司对做出突出贡献的销售人员，可以高调表扬，除了发放奖金还要颁发荣誉证书，从精神面貌、服务质量、礼仪态度等方面设置最佳人格魅力奖、最佳服务奖、最佳礼仪奖等多种形式。让销售员以此鞭策自己，为他人树立奋斗目标。

（3）晋升奖励

晋升奖励作用很多，除了增加个人薪酬外，还意味着个人能力和才华得到了肯定与认可，得到了更高起点的发展机会，能给予优秀员工极大的满足感。

采取这种奖励手段，必须建立在严格考核的基础上，晋升人员要足以令人心服口服，从而起到双向激励作用：既能激励其本人，又能激励其他成员。

1.6.1.3 淘汰机制健全

只有奖励没有惩罚的激励制度是不完善的，也会让激励效果大打折扣。奖励是一种正面强化手段，处罚则是一种负面强化手段，二者缺一不可。虽然团队管理不能以惩罚为主，但必须具备必要的惩罚规则，做到奖优罚劣。在制定惩罚制度时，要征求团队意见，只有达成共识的惩罚规则，才能在实施时不引发团队纷争。

1.6.2 奖励方法的五大规范

奖励是为了激发和鼓励团队成员，必须做到制度科学合理，执行公平公正。否则不但无法起到激励作用，还会严重挫伤员工的积极性。

加强项目营销团队内部奖励的公平公正性，须做到以下五点。

（1）奖励要公平、及时

① 奖励要公平。一个人做出了成绩并取得相应的奖励后，他不仅关心自己所得的奖励，还会与别人相比，自己获得的奖励与别人是否同等，这将直接影响其今后工作的积极性。

② 奖励要及时。心理学研究表明，及时奖励的有效率为80%，滞后奖励的有效率为7%。应该表扬的行为如果没及时得到奖励，会使人气馁；错误行为没有及时予以惩罚，会使错误行为更加泛滥。

（2）物质奖励与精神奖励相结合

物质奖励与精神奖励结合能提升奖励效果。设置奖励时要考虑到被奖励者的个人偏好，如一次旅行、一次分享、一次学习机会，常常会比单纯给一笔奖金效果好得多。

（3）奖励要持续

奖励制度是绩效管理中重要的资源和手段，需要反复宣讲，深入到每一位员工内心，才能发挥最大作用。

奖励具有时效性，每一种奖励手段的作用都有一定的时间限度，超过时限就会失效。很多决策者以为只要在开始阶段激励了团队成员，成员就会永远受到激励。实际上，随着时间流逝，奖励水平会逐渐下降，一般在3~6个月内，奖励效果降低为零。

（4）注重结果，更注重行为

对优秀行为的奖励是保证结果的必要手段。许多决策者比较注重对结果的奖励，忽略对产生结果前的正向、达标、高效、创新等行为的奖励。懂得管理团队的决策者，除了看重结果，更看重对优秀行为的奖励。

（5）在实践中不断优化

伴随着销售目标不断增长、销售环境不断变化，奖励对象也随之有相应调整。一个企业的奖励制度需要与时俱进，不断迭代，符合团队和员工的心理需求，才能起到激励的作用。

第2章

房地产项目前期市场调研管理

市场调研是房地产项目开发中非常重要的研究环节，是房地产项目拿地前必备的市场判断。房地产项目前期市场调研，能为项目提供房地产市场现状与发展趋势的数据，有利于房地产项目开发前科学决策，实现经营目标。

前期市场调研是房地产市场营销的必要前提和基础，指的是以房地产为特定商品对象，有目的、有计划地通过各种途径收集相关房地产市场信息，进而进行整理、记录和分析，研究与预测房地产市场的未来趋势，为决策者拟订项目计划与经营策略提供参考。

2.1 房地产项目前期市场调研的核心原则

无论市场调研的规模大小、内容多少，都应遵循以下四个核心原则：准确性、时效性、针对性和创造性。

（1）准确性原则

准确性原则是房地产项目前期市场调研最基本、最重要的原则。科学结论的得出靠充分的归纳和演绎，必须追求实事求是，不可主观臆造，更要排除片面分析、以偏概全的结论。

调研信息的准确性来源于两点：①关注材料的真实性和针对性；②注意定性分析与定量分析相结合。只有调研结论真实反映市场状况，才能看清房地产市场开发的问题，为项目抓住时机。

（2）时效性原则

房地产市场瞬息万变，信息容易过时。只有及时、准确地掌握市场上有用的信息，才能为房地产营销决策提供有效依据。在前期市场调研中，应及时捕捉和抓住市场上的任何时效性信息，对这些信息进行及时分析与反馈，让调研为项目营销带来价值。

（3）针对性原则

在同样的市场环境下，针对不同项目形态，要做的市场调研也完全不同。为任何项目做市场调研，都要先根据本项目的定位、目标和问题开展，不能采取复制或拿来即用的方法。

（4）创造性原则

市场调研是项目营销的工具和手段，得到一个结果和结论才是目的。在实际操作过程中，市场调研会有很多阻力和困难。要保证灵活运用各种调研手段和方式，尽可能多地获取数据和信息。

2.2　房地产项目前期市场调研的两大分析法

房地产项目前期市场调研的分析法有两种：定性研究分析法和定量研究分析法。两者通常结合使用，进行定量研究前，须借助定性研究来确定研究对象的性质；定量研究的过程中，也须借助定性研究来确定现象发生质变的数量界限、引起质变的原因。

2.2.1　定性研究分析法

定性研究分析法是通过观察、访谈的方法获得调研资料。采用定性研究分析法，必须建立在定量研究分析的基础上。反之，如果缺乏数量分析，得出的结论往往具有概括性，缺乏针对性。定性研究分析法有四种类型（图2-1）。

2.2.1.1　观察法

观察法是房地产项目前期市场调研常用到的一种方法，是指对研究对象进行系统全面的观察，从中收集各种现象资料，进行分析研究的方法。具体过程是调研者进入市场在售项目楼盘中了解情况，观察谁在买房、买什么样的房以及卖的价格如何等。

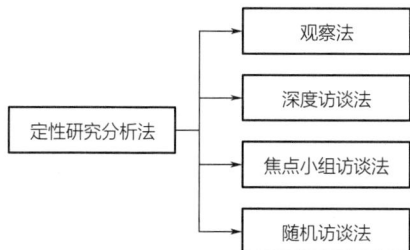

图 2-1 定性研究分析法的四种类型

观察法既包括信息输入，又包括对原始信息的初步处理、识别，是一个主动认知的调研过程。

观察法的优点是简便易行、灵活性强，被调研对象一般处在自然状态下，所获得的信息较为客观真实。观察法的缺点是外部观察只能反映客观事实发生的经过，很难判断被调研对象的内在心理活动与感受。

2.2.1.2 深度访谈法

在市场调研中，常要针对某个专题或某些具体问题进行深度了解，执行的方法就是深度访谈。

深度访谈的特点有三个：①直接访问与谈话，是一种开放式访谈；②访谈对象的观点不会互相影响，适合了解复杂且深刻的问题；③邀请参与访谈的人士多为行业内专业人士，才能获得深度经验和观点。

2.2.1.3 焦点小组访谈法

焦点小组访谈属于群体沟通活动，特性是群体间可互相启发从而产出更多的内容。"焦点"是指围绕一个或一类主题，用结构化的方式揭示用户的经验、感受、态度、诉求，客观地呈现其背后理由。

焦点小组访谈法有四个要点：①慎重挑选被访者，考虑房地产项目前期市场调研问题的特殊性，以及被访者是否能代表研究对象群体的总体特征；②由一名主持人引导整场访谈的顺序，启发被访者思考并回答；③整个访谈需要控制发言时间及节奏，每组 6 ~ 8 人最为适宜；④要使参与者在不受压抑的氛围下展开详尽讨论。

2.2.1.4 随机访谈法

随机访谈法是采用随机性调查的一种调研方式。组织形式简单且轻松，访谈对象有如下几类：①竞争对手售楼部的顾客、竞争楼盘的业主；②楼盘附近的居民；③楼盘辐射范围内商场的售货主管、司机等。

这种方法也有优缺点：优点是可以得到一个意向性的答案；缺点是无法深入细致研究更深层次的问题。

使用随机访谈法时，调研者在处理信息时要根据不同对象，对反馈情况做权重处理。

2.2.2 定量研究分析法

市场调研除了做定性研究，还需用数据来说话。大数据时代，用户在网络消费或生活中留下的数字痕迹，蕴含着个体和群体行为的规律。

运用统计工具对数据资料进行分析、检验，据此推断数据背后的因果规律，这是定量研究的本质和内涵。

定量分析法多种多样：比较案例研究、过程追踪、田野调查、多种访谈、数据文本分析等。房地产项目前期市场调研常用的定量分析法有三种：入户访问法、街头访问法和网络调查问卷法。

2.2.2.1 入户访问法

入户访问法是指调研人员按照抽样方案的要求，到符合访问要求的家庭中，依照事先拟定好的问卷顺序，对被调查对象进行面对面访问，做好相应的记录。入户访问法既有优点也有缺点（表2-1、表2-2）。

表2-1 入户访问法的优点

优点	详情释义
调查有深度	可深入了解被调查者的状况、意愿和行为，能在访问的过程中发现新情况和新问题
直接性强	面对面交流，能让调研者采用更直观的方法来激发被调查者的兴趣，如图片、表格、产品演示等
灵活性强	调研者可以根据具体情况灵活掌握提问顺序，随时解答被调研者提出的疑问
准确性较强	调研者可充分揭示问题，将答复误差减少到最低，判断资料的真实可信程度
拒答率较低	当面谈话访问，被调查者一般不会拒绝回答问题，如果拒绝回答，调研者还可以临时使用访谈技巧引导被调查者回答，或进行二次访问

表2-2 入户访问法的缺点

缺点	详情释义
调研规模大、成本高	①属于大规模调研，程序复杂，访问费用相对较高； ②费用包括：交通费、调研礼品费等
有触犯消费者隐私之嫌	①消费者有隐私和安全方面的顾虑，不愿接受不速之客来访； ②有的城区居民，不主动配合此类调查活动
调研所需样本量大	①调研样本要够多够大； ②甄别出合格并愿意接受访问的样本

2.2.2.2 街头访问法

街头访问法是指在某个场所拦截在场部分人群而进行面访调查。访问员经过培训后，要事先在选定的若干目标地点，如高级写字楼区、发达商业区、高级消费场所、繁华路口或者专业市场等，按一定程序和要求，筛选和选取访问对象，现场进行简短的问卷调查。

街头访问方法的优点是使用广泛，效率高，能快速高效地得到初步结果，避免了入户困难且节省费用。街头访问法的缺点是调查精确度低，无法精准控制调研样本和调研质量，所收集的数据代表性不足；对客观事实过度简化，调研问题可能脱离现实，挖掘不大到数据背后的客观规律。

2.2.2.3 网络调查问卷法

互联网已成为人们工作、学习、生活和娱乐中离不开的工具。网络调查问卷就是通过网络、多媒体向特定对象发放网络问卷，引导鼓励目标受众参与问题的回答。微信群、小程序、视频号、微信号文章等，都是网络调查问卷法应用的重要途径。

网络调查问卷法适用于四种情况：①需要大批量调研数据，现实中找不到相应被试者；②调研对象稀缺，周边很难找到合适人群；③调研预算不多，要降低调研成本；④企业有一定规模的数据运作平台，调研数据库可自动生成，企业能较快得到有意义的调研结论。

网络调查问卷法的优点很明显：①征询访问者不需要抽样、不需要访问员，可以通过程序设计直接统计得到的数据，便捷、经济，随时可以共享；②可以将问卷一次传送给多人，不受时间限制，获得样本量较大；③数据存储更方便；④能知道被调研者的回答时间，问卷完整性和有效性高。

网络调查问卷法因为没有样本限制，得出的结论代表性较差。为避免这个缺点，问卷设计管理要做到三点：①问卷题量适中，具体问题明确，被调查者能真实、准确地回答；②选项应适当细致划分，避免因选项过多而使被调查者没耐心回答；③测试问卷的题目和结构合理，提高问卷收集到的数据的质量。

2.3　房地产项目前期市场调研的三大切入角度

房地产项目市场调研具有很深的地域特征。市场调研的切入角度要依据地域形态，由单个楼盘到区域市场，再由区域市场到市场宏观环境，不断循环往复，融会贯通，才可深入研究房地产市场，得到真正有价值的信息（图2-2）。

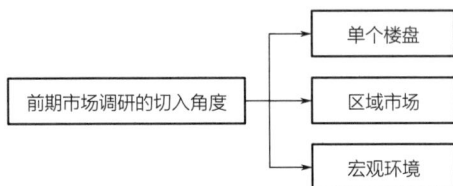

图 2-2　房地产项目前期市场调研的三大切入角度

2.3.1　单个楼盘

调查单个楼盘是房地产项目市场调研的基础，不仅是房地产营销人员接触房地产知识的第一课，也是任何资深人员了解房地产市场最具体、最直接的途径。单个楼盘市场调研通常包括五大内容（图2-3）。

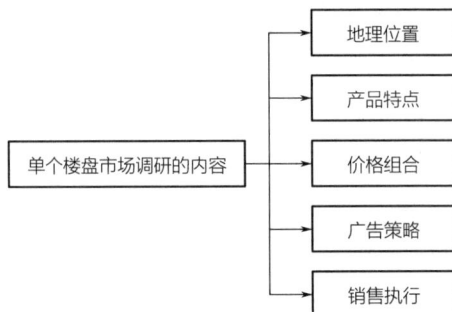

图 2-3　单个楼盘市场调研的五大内容

（1）地理位置

对单个楼盘首先要调查的是各楼盘所处的地理位置。根据楼盘地理位置，去判断本区域影响楼盘销售的因素。

分析楼盘地理位置有三点：①分析楼盘区域历史沿革和区域特性，包括商业中心、工业中心、学院社区等；②了解区域的交通状况，包括公交、地铁、高架、轻轨、省市级公路、区县级公路等；③掌握区域公共配套设施情况，包括水、电、煤等市政配套，学校、公园、医院、超市、集贸市场等生活配套及人文环境等。

（2）产品特点

单个楼盘是楼盘市场调研的主体部分，分析楼盘产品是了解本地楼盘的基础，分析内容有两类。

①重点了解楼盘属性信息，如楼盘土地、总建面积、产品类别与规划、建筑设计与外观、总建套数与房型等。

②了解楼盘承建单位，即投资、设计、建设和物业管理等主要事项的承担公司，了解其资质情况、合作方式，以此评估楼盘的资信度。承建单位信息是影响和决定楼盘产品特征的重要因素，在调研中必须予以重视。

（3）价格组合

楼盘市场调研最具有价值的地方有两点：①楼盘价格组合；②楼盘促销运用策略。

在每一个房地产市场中，都活跃着许多价格方面的促销活动。无论每个楼盘的促销方式如何不同，但万变不离其宗，始终有三个重要因素：产品单价、产品总价、付款方式。这些要素的组合方式，是项目调研的重要数据。

（4）广告策略

销售与广告都是一种持续性的行为，做楼盘广告调研时，需制作楼盘市场调研详表，在广告策略信息栏中详细说明目标楼盘的广告内容、传播方式及发布渠道。具体包括：广告主要诉求点、广告媒体选择、广告发布频率、广告实施效果等。

（5）销售执行

单个楼盘的销售执行是市场调研的关键内容。包括三大类：①销售点选择、人员配置、业务执行；②热销房型、最易于被市场接受的楼盘总价；③吸引客户的关键点、购房客户群体的特征等。

调研者必须清楚，一个楼盘的销售状况是结果。了解一个楼盘的状况，需从更多方面了解因果，分析缘由，实现对单个楼盘乃至整个项目市场调研的最终目的。

2.3.2 区域市场

区域市场调研首先应详细调查该区域的某一单个楼盘，再以该楼盘所在街道为延伸区，将整个街道的所有楼盘仔细调查。最后，以这一街道为基准，分别详细调查周边各条街道的楼盘情况，由此实现从点到线，从线到面的比较、分析、归纳和总结。达到对区域市场状况了如指掌。

区域市场调查与分析主要包括三个方面：区域分析、区域产品和需求特征。

（1）区域分析

区域分析是指在特定区域中，对影响房地产市场的三个因素做综合分析：①交通路线；②区域特征；③发展规划。区域分析侧重整体的分析与宏观评估。如分析上海虹桥开发区板块崛起，离不开分析虹桥飞机场至市中心的良性交通线路、虹桥商贸区的宏观发展规划。

（2）区域产品

区域产品调研，主要是对某特定区域范围内楼盘重要因素的调查，如楼盘总量、类别、位置、分布、单价分布、总价结构、各类营销手法。

分析区域产品，有两个关键步骤：①认真研究区域产品的共同性与特异点；②各个楼盘市场反应强弱的缘由，如某区域楼盘，同是住宅物业，在价格相同、品质相同情况下，为什么一个卖得比另外一个好。

（3）需求特征

需求特征是从客户角度对房地产产品做出的主观审视。把握需求特征是不断做好产品和策略创新的源泉。

需求特征的主要内容包括五个方面：

① 区域的人口数量和密度；

② 人口结构和家庭规模；

③ 购买力水平；

④ 客户需求结构与特征；

⑤ 人口素质和习惯嗜好等。

分析区域市场特征有四项具体内容：

① 调研消费者对某类房地产产品的总需求量及饱和点；

② 调研区域房地产的市场需求和发展趋势；

③ 调研房地产市场需求的影响因素，如国家对国民经济结构和房地产产业结构的调整、消费者构成与分布、消费需求层次状况、消费者现实需求和潜在需求情况、消费者收入变化和购买能力等；

④ 调研需求动机，如消费者的购买意向、影响消费者购买动机的因素、消费者购买动机的类型等。

2.3.3　宏观环境

必须深刻理解区域宏观环境，才可将房地产市场调研做得更深入、更灵活。房地产市场宏观环境包括政治社会、经济发展、行政法规等各种因素。

（1）政治社会因素

政治社会因素是指国家运作体制、政治安定状况、社会治安程度、房地产投资和城市化进程等方方面面的情况。具体包括：①有关国民经济社会的发展计划、发展规划；②土地利用总体规划；③城市建设规划；④城市发展战略。

（2）经济发展因素

经济发展因素是所有房地产宏观因素中对房地产企业和个人影响最为明显、最为直接的因素，如国家经济发展状况、财政收支与物价、人口数量与消费、居民收入与储蓄等。对经济发展因素进行市场调研，具体说来有五个方面：

① 国家、地区或城市的经济特征，包括经济发展规模、趋势、速度和效益；

② 项目所在地区的经济结构、人口及其就业情况、就学条件、基础设施情况、地区内的重点开发区域、同类竞争物业的供给情况；

③ 一般利率水平，获取贷款可能性及预期通货膨胀率；

④ 国民经济产业结构和主导产业；

⑤ 居民收入水平、消费结构和消费水平。

（3）行政法规因素

行政法规因素主要包含土地制度、住房制度、税收政策、城市发展战略、城市规划和特殊政策等各项内容。行政法规方面调研的对象主要包括两类：

① 国家、省、市有关房地产开发经营的政策方针，如房地产价格政策、房地产税收政策、土地制度和土地政策、人口政策；

② 有关房地产开发经营的法律规定，如《房地产开发经营条例》《房地产管理

法》《土地管理法》。

2.4　房地产项目市场调研规划

任何调研都分为三个阶段：准备阶段、实施阶段与总结阶段。

准备阶段直接影响调研的质量和效率。这个阶段的重点是明确调研目的、确定调研范围、制定调研计划、规范调研工作方法、召开调研启动会议（图2-4）。

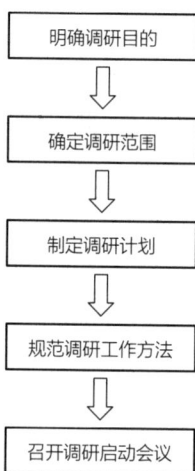

```
         明确调研目的
              ↓
         确定调研范围
              ↓
         制定调研计划
              ↓
         规范调研工作方法
              ↓
         召开调研启动会议
```

图2-4　房地产项目市场调研规划的五个重点

2.4.1　明确调研目的

调研目的决定调研形式和调研内容。任何偏离主题的市场调研都不可能成为有效的市场调研。做市场调研前，先要将项目决策问题转化为调研问题，再根据调研问题来明确本次调研的目的。明确调研目的，才能确定与调查目的对应的调查内容。

一个大的调研目的要分解为多个贴近实情、便于操作、相互支持的小的调研目的，从而建立房地产项目前期市场调研的目的体系（图2-5）。

2.4.2　确定调研范围

开始调研前要界定调研区域覆盖范围。如果不分项目情况，把豪宅、中低档楼

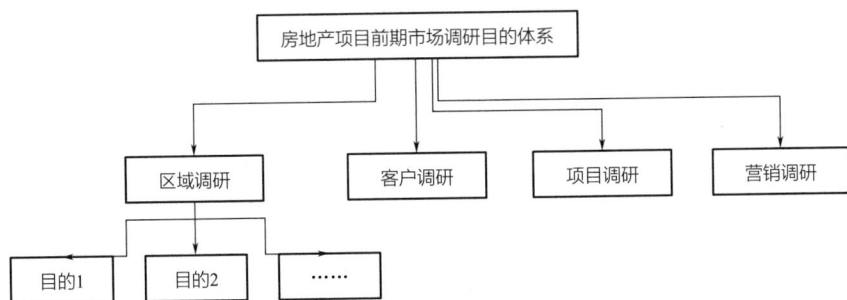

图 2-5 房地产项目前期市场调研目的体系

盘都笼统地圈定在全市范围内，市场调研就失去了针对性，调研价值会大大降低。

楼盘的调研范围由两项内容决定：项目产品特性和目标客户群体特性。

2.4.2.1 项目产品特性

项目产品的特性由四大内容决定（图2-6）。

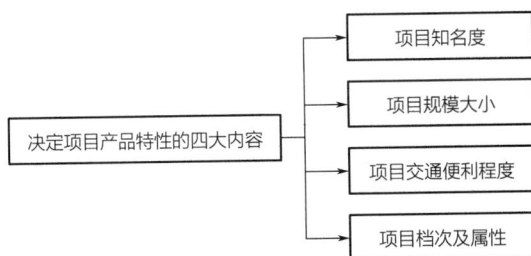

图 2-6 决定项目产品特性的四大内容

（1）项目知名度

一般在同类项目中，项目知名度越高，项目辐射半径就越大。无论是高档别墅项目，还是中低档经济适用房项目，其知名度均与广告投入力度、推广方式等有一定关系。

（2）项目规模大小

楼盘项目规模大小决定了项目调研的范围。比如，中小型楼盘体量小，市场消费者数量少，所涉及的目标客户有限，对其可以采取区域调研。而大型项目楼盘调研区域则要在项目所在的整个城市内，甚至跨区域展开。原因有三个方面：①大型楼盘需要较大的市场消费容量才能得以消化；②大型楼盘都配有大量推广费用，用

35

更多元复杂的传播手段提升项目知名度；③大型楼盘的市场关注度、影响力大，市场覆盖范围较广，潜在的目标客户分布范围较广。

（3）项目交通便利程度

无论是中低端项目还是高端项目，项目的交通便利程度均会影响项目的辐射半径。交通条件便利程度决定着客户选择楼盘的意向，交通因素对近郊或远郊楼盘的销售尤为重要。如某项目处于远郊，往返市区的交通路网设有多个收费站，提高了客户的交通成本，从而就降低了本区域项目对市区客户的吸引力。

（4）项目档次及属性

一般而言，项目档次越高，其辐射半径越大。比如，经济适用房一般不具有跨区域吸引力，但对豪宅市场，即使是一个规模不大的高端楼盘，其客户群均位于消费群金字塔顶端，目标客户的分布范围较广，调研地域覆盖的范围也较大，往往需要跨区域和省际开展调研。

2.4.2.2　目标客户群体特性

目标客户群体的特性有四大内容（图2-7）。

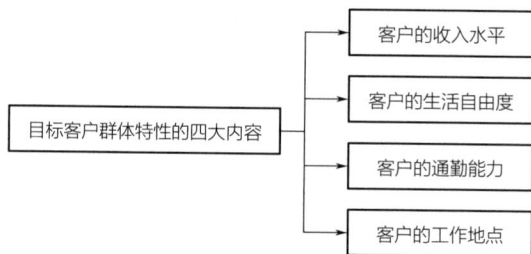

图2-7　目标客户群体特性的四大内容

（1）客户的收入水平

潜在目标客户群体的收入水平是影响购买力最重要的因素。收入水平越高，客户的购房半径越大，这与项目特性中的档次越高，其辐射半径越大相对应。

（2）客户的生活自由度

生活自由度是指对每天24小时的自主支配程度。这个特性在某种意义上决定了客户群体的购房选择范围。客户生活自由度越大，购房半径相对也较大。不同职业、不同职位、工作于不同性质单位的客户群体，其生活自由度存在较大的差异。客户生活自由度调查要从职业调查入手。

（3）客户的通勤能力

通勤能力主要指客户从居住地点往返工作地点的能力，与两个问题相关：客户所在城市总体通勤能力，客户的交通方式。一个城市总体通勤能力取决于该城市的交通网络发达程度，交通网络越发达，客户的购房半径越大；郊区发展程度越高，客户购房半径越大。如北京、上海、深圳、广州等发达城市的客户通常比中小城市的客户购房半径要大得多。客户通勤能力取决于客户采用的交通方式，这是客户收入水平和交通成本承受能力的外化。比如，拥有私家车的客户群体，购房半径大于没有私家车的群体。

（4）客户的工作地点

客户对当前工作的依赖程度越高，购房半径受工作地点的影响越大；客户工作场所的搬迁概率越大，购房半径受工作地点的影响越小。当客户对其工作的依赖程度高，工作办公地点相对固定，且搬迁可能性小时，客户购房半径往往围绕目前工作地点而展开（图2-8）。

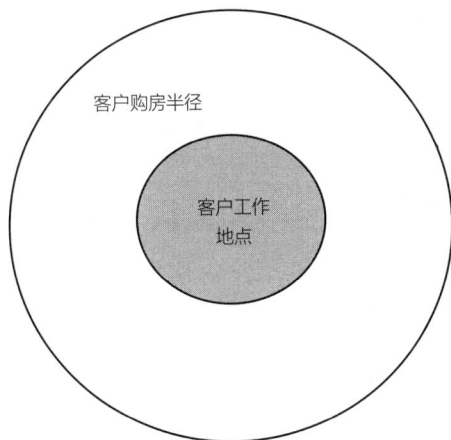

图 2-8 客户购房半径与工作地点的关系简图

界定调研地域范围，要对调研类型做出分类：①常见的房地产项目前期调研中，调研地域范围通常与项目潜在目标客户所覆盖的市场范围相近；②房地产项目专项调研或楼盘营销需要的日常调研，要根据具体调研实情确定。

2.4.3 制定调研计划

房地产项目前期市场调研是复杂而细致的工作，一份完备的调研计划意味着市场调研成功了一半。设计完备的调研计划有三个关键点：明确本次调研计划的内容；明确调研计划的制定要求；确定调研计划的基本结构。

2.4.3.1 调研计划的内容

一份调研计划主要由九类内容构成：①调研前期准备；②调研人员组成；③调研时间安排；④调研方式说明；⑤调研辅助工具到位，包括统计表格、统计工具、个人名片、公司及项目介绍等；⑥调研费用预估审批到位；⑦调研辅助单位联络；⑧调研对象确定；⑨调研计划说明和动员。

2.4.3.2 调研计划的制定要求

调查计划是实施调查研究的依据，科学、完整的调查计划会降低调研活动的盲目性。制定调研计划要符合四点要求（表2-3）。

表2-3 制定调研计划的四点要求

调研计划要求	详情释义
计划实在具体	①调研计划要讲究实事求是，确保能逐项落实； ②调研计划具有可操作性，能直接应用于实际调研活动中
流程合理可行	①调研计划在流程安排上有逻辑性； ②计划的时间、人力和物力安排符合经济原则； ③计划能落地执行，调研者能依计划展开调研
要求简洁易懂	制定调研计划必须通俗易懂，简单明了，忌表述啰嗦冗长、混淆不清
时间设置讲求时效	①市场调研讲究时效性，需抓住最佳调研时机，避免错失良机； ②制定调研计划不拖延，恰当把握调研时间的长短

2.4.3.3 调研计划的基本结构

调研计划除了基本要求外，还应包括具体的执行内容：调研背景、调研目的和要求、调研内容和范围、调研对象及抽样、调研方法、调研程度及时间安排（图2-9）。

（1）调研背景

调研背景是本次调研所附带的企业需求或项目需求。阐述调研背景需要条理清晰、逻辑通顺、问题明确、易于理解。

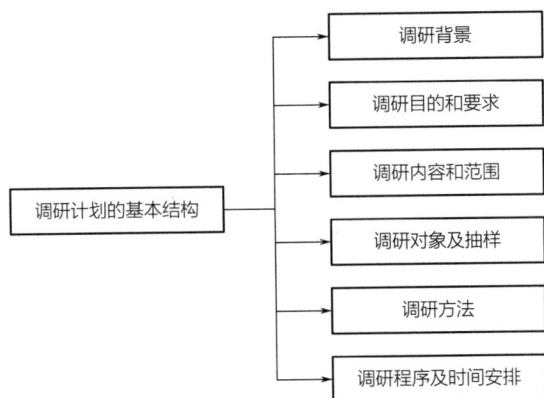

图 2-9 房地产项目调研计划的基本结构

（2）调研目的和要求

调研目的是指确定本次调研"做什么"即确定调研必须要完成的具体工作。根据调研目的，在调查方案中列出本次市场调研的具体要求。

（3）调研内容和范围

为实现调研目的，可根据市场调研目的确定具体调研内容：消费者研究、市场需求研究、产品研究、竞争策略研究、广告研究、价格研究、市场销售研究、促销组合研究等。

（4）调研对象及抽样

市场调研的对象一般为宏观政策、项目环境、目标消费群体、竞争对手及其竞争类产品。

（5）调研方法

调研计划中需要明确说明本次调研使用的主要方法。调研方法多种多样：实地调研法、问卷调研法、抽样调研法、会议调研法、访谈调研法和文献调研法等。

（6）调研程序及时间安排

科学安排调研程序和时间对调研的效率、成本和数据质量非常关键。调研程序及时间安排包括：因地制宜合理规划时间和路线，确保调研过程环环相扣、衔接顺畅。比如，调研区域路程有远有近，调研出发时间就应该有先有后。另外，对本次调研的对象多少，座谈对象多少，座谈时间长短等细节管理，都要有清晰的规范。

2.4.4 规范调研工作方法

调研方法的规范要求，见表2-4。

表2-4 调研方法的规范要求

调研要求	详细内容
明确主要调研目标	①明确调研要取得的关键资讯； ②未来会用这些资讯解决哪些问题
调研前充分准备好相关资料	防止准备不周，让调研失去节奏，导致调研管理混乱
调研前做好流程进度规划	按设定的流程顺序逐一进行，保证工作效率
注意筛选时效性信息	确保搜集的信息真实有效，且调研的时间、区域、目标应保证最大覆盖
记录好调研数据	重视调研获得的所有重要信息，保存好初级调研数据

2.4.5 召开调研启动会议

正式展开市场调研前，需召开市场调研启动会议：细化调研实施过程中的技术问题；落实参与市场调研的人员名单；深入宣讲本次市场调研的目的、计划，统一思想；开展相应培训，使调研人员能胜任调研工作。房地产项目调研人员的选择要求，见表2-5。

表2-5 房地产项目调研人员的选择要求

人员要求	具体释义
具备文化基础知识	①能正确理解调研提纲、表格、问卷内容； ②能准确地记录调研对象所反映的实际情况和内容； ③能用电脑软件做基本的数字运算和初步统计分析
具备市场学、管理学、经济学等方面的知识	能对调研过程中涉及的专业性概念、术语、指标有正确理解
具备一定的社会经验	①举止文明大方，性格开朗； ②善于和不同类型的人打交道，有办法取得被调研人的配合
工作态度严肃、认真踏实	①市场调研工作任务繁杂，单调枯燥，需要调研者有良好的工作态度； ②严格认真地按要求调研，取得更高质量的调研资料； ③能保证调研信息的可信度，保证调研工作的最终成功

2.5 分阶段进行的市场调研

做市场调研是启动新项目的第一步。一个房地产项目的市场调研，要根据项目的不同开发阶段对应安排不同的调研内容。

2.5.1 前期阶段：市场及竞争环境调研

企业之间的销售目标、实际运营产品和项目市场潜力有多大差距，要通过调研市场及竞争环境才能得出结论（表2-6）。

表2-6 市场及竞争环境调研的内容

调研内容	内容细节
市场环境调研	①宏观内容：经济环境、政治环境、社会文化环境、科学环境和自然地理环境等； ②微观内容：市场购买力水平、经济结构、国家的方针政策和法律法规、风俗习惯、科学发展动态、气候等各种影响市场营销的因素； ③需长期跟踪及积累的内容：如市场政策、项目信息等； ④不同区域市场、不同物业市场的信息内容：如区域的市场环境、政策环境，区域的市场规模、产品特征、消费习惯等的发展历史、现状与发展预测
竞争环境调研	①总体市场分析：涉及相关物业的供需总量、供需结构、产品特征、区域特征等内容； ②主要竞争项目分析：现有和潜在的重要竞争对手状况，包括背景、环境、产品、销售等方面

2.5.2 项目定位阶段：消费者需求调研

消费者需求调研是为了掌握本区域消费者在购房过程中最关注的问题，如价格、看房体验、买房退房程序、楼盘户型、周边设施、具体配置、不利因素、开盘价等。这些是指导楼盘产品定位及营销销售工作的重要信息。

（1）消费者需求特征分析

消费者需求特征分析是指通过整理原有消费者资料，用问卷、访谈等多种调查方式，了解不同消费者对购买、拥有产品的看法。其目的是为项目产品定位提供第一手资料，也是制定营销策略的指导性文件，经常与消费行为特征结合分析。

（2）消费者行为特征研究

消费者行为特征研究主要包括两方面内容。

① 消费者特征：购买行为、消费心理、消费观念、习惯与态度。

② 客户购买前后的行为特征：决策思维、考虑时间、考虑因素、消费水平，购买后的使用方式、使用习惯，以及对产品价值评价等各方面的情况。

（3）产品价格定位

产品价格定位是房地产项目营销的重要环节。价格定位除了考虑项目成本、市场竞争外，还必须考虑目标客户群的价值认知、价格接受能力、目标客户群的购买支付能力等。调研内容包括以下三个方面：

① 影响房地产价格变化的因素；

② 房地产市场供求情况的变化与趋势；

③ 房地产商品的价格需求弹性。

（4）市场细分

没有一款产品能适合每一个消费者，房地产企业只有找到自己最能满足的那部分细分市场，才能开发出适销对路的楼盘，让企业走得长远。市场细分包括两个步骤。

① 定义市场。即以市场竞争环境分析为基础，深入分析区域的市场结构，从区域层面、业态层面、产品层面、客户特征、客户需求层面等多角度定义市场。

② 判断市场容量大小。即分析、探测不同层面的市场供需情况，预测该市场的未来发展潜力，从而理解市场的层次构成与容量。

（5）项目市场空间价值判断

项目市场空间价值判断是在划分不同细分市场的基础上，考虑消费者的消费特征，结合项目的自身条件，对各个细分市场进行评估，找到对企业价值最大的市场空间。常用比较法、排除法来确定。

2.5.3 产品方案阶段：寻找产品与市场的契合点

房地产开发开始回归到制造业属性，即在科研投入、产品研发、服务水准以及打造产品过程中，保持产品精细化管理，以制造业的思维逻辑去运营房地产企业。房地产企业除了为消费者提供产品外，还要为城市创造价值。房地产企业的产品研发要基于消费者和城市需求两个层面来开发才能保证销售空间最大化。

（1）产品需求研究

产品需求研究是房地产项目市场调研的核心内容，通过定性和定量相结合的调研方式，获得楼型选择、户型设计、通风设施、朝向选择、园林景观、功能分区、车位设计等所有与产品有关的有益结论。尤其是对客户价值认知、客户产品需求、客户承受能力之间的关系研究，更是项目的决策基础。

（2）产品价格调研

一个房地产项目价格的制定需要三份价目表，分别是：

① 项目整体价目表；

② 项目分期、分区、分栋核心均价价目表；

③ 项目每栋价目表。

一份产品市场调研，就是要拿出无可争议的事实依据，对价格提出合理的建议，解决上述三个价目表的制定问题。

（3）产品组合调研

做产品组合调研是为了实现两个目标。

① 确定产品组合方式。即通过产品模型组合模拟，确定房地产企业的产品组合中利润最大的产品组合方式。

② 确定产品核心特征。即借助消费者调研，明确影响客户购买行为的产品属性，确定消费者愿意为哪种类型的产品付费。

（4）产品竞争力分析

产品竞争力分析是根据产品自身包含的强势和弱势，进行如下划分：

① 划分出能立即引起消费者注意的产品核心优势区；

② 划分出需要立即改进的产品威胁区；

③ 划分出消费者产品评价是优是劣的分界线，让决策人员客观地了解调研产品在市场上的预期表现，为将要实施的营销计划提供指南。

2.5.4 市场营销阶段：研究媒体投放效果

广告是把产品信息传递给消费者的重要形式，是促使消费者发生购买行为的主要因素。产品广告的成功与否直接关系到项目成功与否。研究媒体投放效果的四项内容，见图2-10。

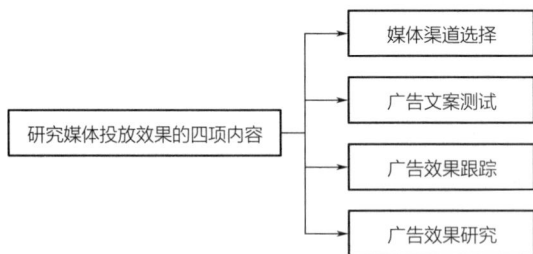

图 2-10 研究媒体投放效果的四项内容

（1）媒体渠道选择

一个项目品牌想把产品销售出去，先要找到适合的媒体渠道。关于媒体和消费，需要了解两个常识：

① 每类媒体渠道都有自己的独特特征；了解了渠道特征，就是了解渠道主要消费人群，了解品牌投放广告能否被受众接受，用什么样的创意方式能打动目标消费者；

② 建立品牌知名度，广告渠道要与目标消费人群高度匹配。

营销人员选择目标客户群最能接触到的媒体渠道，找到自己的主要消费人群去投放广告，才能事半功倍。

（2）广告文案测试

制作广告是为了传播信息，传播信息依靠广告文案。对于广告文案，需要明确两点常识：①广告文案不是文字博弈，而是策略的具象化；②广告文案的侧重点是寻找对产品感兴趣的人，目的是和目标人群沟通。制作文案要先追求针对性，其次才是有文采。

（3）广告效果跟踪

任何一个广告投放出去，都需要做效果评估，以检验投放渠道和广告创意是否精准有效。

广告评估价值有两点：①广告须对销售产生作用，广告效果测量是典型的因果关系判断，即广告投放后能带来明显的业务量增加；②广告评估必须精准，要及时撤换低效率的广告，也防止好广告被过早替换；③控制广告成本，确定最佳广告预算并做好各时期的预算分配；④广告评估的手段和方法要随媒体演变与时俱进。

互联网时代，广告效果评估手段和技术变化较快，营销人员要不断发现和挖掘新工具和方法，深入研究广告效果测试的方法，推出性价比更高的广告。

（4）广告效果研究

广告是促进产品销售的一种手段，效果直接由产品销售的情况评定。广告效果一般可分为两类：广告销售效果和广告本身效果。

广告销售效果的评价指标是：客户转化率、品牌市场知名度。

广告本身效果的评价指标是：广告收视率、收听率、到达率、点击率等。

房地产广告效果研究一般将广告销售效果和广告本身效果结合，通过事前测定法、同时测定法、事后测定法等深入研究。

2.5.5 项目跟踪阶段：验收项目反响

项目跟踪阶段的调研，是为评估项目市场反应而客观、全面评价项目的开发情况，总结经验、教训，反思项目开发过程中管理的不足点，实现持续改进，是对项目的一种复盘。

2.5.5.1 顾客满意度及偏好调查调整

房地产企业要想取得良好销售业绩获得可持续发展，必须有良好口碑的支撑。顾客满意度调查调整包括：①调查顾客对项目产品及服务的满意度，找出项目产品及服务的优缺点；②项目后期，调查产品设计和服务环节的满意度，保证项目后期开发中获得更好的业绩与口碑。

根据客户满意度调查，做出三个方面的营销调整（图2-11）。

（1）推货节奏调整

评估项目初始时的消费者偏好，重新开展区域市场调研及客户价格偏好分析，以明确区域内竞品项目销售策略及预计推货节奏；针对项目主推产品的目标客群调整定位，明确顾客价格偏好。

（2）推货策划调整

调整项目加推户型或畅销户型供货，促进经营性现金流按销售目标回正；缓推户型市场供货，待退货计划调整好后，实施新的销售方案，提升项目溢价能力。

（3）价格调整

针对主推产品实施稳步提升的价格策略，进一步提升项目溢价能力。可采取适当优惠政策，差异化降低已推户型产品的销售价格，确保经营性现金流回正。

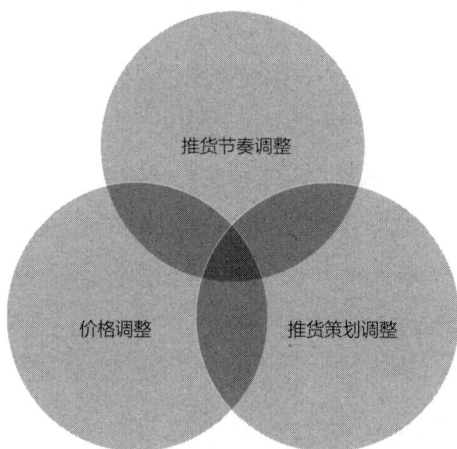

图 2-11 根据客户满意度调查做出的三项营销调整

2.5.5.2 项目社会价值分析

项目社会价值分析主要是对客户、业内人士和其他关联人士的调查，了解其对项目本身、项目开发过程、项目影响等多方面的评价，从而评定项目的特征、开发过程等因素对企业品牌建立的影响，为后续开发提供经验与教训。项目社会价值分析经常与顾客满意度调查结合使用，以协助企业品牌建设。

2.5.5.3 项目品牌形象研究

在项目验收阶段，通过对项目相关社会群体的调查，采用对应、对比、价值分析等方式，分析项目或企业品牌形象，为企业营销及后续项目选择提供指导。

2.6 房地产项目实地调研实施方法

实地调研是房地产项目市场调研常用的主要方法，相比收集资料信息，实地调研能获得更强的市场感知，对房地产市场情况及相关楼盘信息的了解更加精准。

实地调研会受到很多客观条件的限制和影响，需要周密筹备以提高实地调研的质量，需要更有效的技术方法让实地调研顺利开展。

2.6.1 实地调研前的准备

实地调研前的周密准备主要包括四点：①明确具体的时间、地点和情景特征；②明确调研的目的、对象的数量、事件的过程；③明确记录数据所用的表单，人员分工安排；④用什么方式获取数据，如何记录和整理这些数据。

2.6.2 开展实地调研的执行要点

房地产项目开发常用的实地调研，俗称踩盘，是房地产营销人员了解房地产市场最具体、最直接的途径。实地调研要求调研人员直接去被调研地或者接触被调研者，获取第一手资料。

① 了解房地产项目的基本市场情况：占地面积、总体规划、交楼时间、物业管理费等信息，可通过项目宣传资料、现场咨询置业顾问获取。诸如销售均价、销售率等涉及商业机密的关键信息，需要运用一定的技巧获得。

② 调研者要注意身份和说话情景：在获取竞争项目楼盘的资料时，调研者应注意维护自己的买家身份，尽量用外行顾客的沟通方式，把握谈话主动权，少使用专业术语。

市场调研的各项准备工作完成后，开始进行实地调研工作，组织实地调研要做好三方面工作。

（1）做好组织领导工作

实地调研是复杂烦琐的工作,做好组织领导工作的要点有三个：①按事先划定的调研区域，确定每个区域调研样本的数量、访问员的人数、访问样本的数量和访问路线；②每个调研区域配备一名督导人员，明确调研人员和访问人员的工作任务与工作职责，明确工作目标与责任；③调研负责人合理安排各类辅助的调研进度交流会，提供互相交流的机会，提高市场调研的整体质量。

（2）做好协调与控制工作

组织人员调研，最重要的两点就是协调和控制，具体内容是：

①及时掌握实地调研的工作进度及完成情况，协调好各个调研人员之间的工作进度；②及时了解调研人员在访问中遇到的问题，帮助其一一解决；③每天调研结束后，调研人员首先进行问卷自查，再由督导员检查问卷，找出存在问题，及时改进；④对调研中遇到的共性问题，提出统一的解决办法。

（3）做好监督管理工作

对调研人员进行监督管理，保证调研人员能采用培训方法和技术实施调研：①了解调研人员在调研过程中因自身原因出现的问题；②掌握监控的各种方法手段，对调研人员的工作过程和质量实施监督管理。

2.7　撰写房地产项目市场调研报告

撰写房地产项目市场调研报告的前提是管理调研数据。营销人员进行市场报告的信息深加工和形成分析结论，都离不开科学的调研数据管理。撰写市场调研报告的核心依据就来自调研数据。

管理调研数据的主要任务是对收集的信息进行去伪存真，由此及彼，由表及里地鉴别、整理和分析。将各种数据资料统筹起来，做系统的归纳与分析，使之成为能反映市场经济活动的本质特征和适合决策者需要的信息。

2.7.1　整理调研资料

收集调研资料过程中，筛选虚假、差错、冗余或短缺信息是常规步骤。这一步骤是为了实现科学审核，去假存真，去粗取精，提高资料的真实性、准确度和完整性。

一般来说，整理房地产项目市场调研资料可通过两种方式进行，可根据实际情况综合灵活使用。

2.7.1.1 以调研人员或小组为单位整理资料

一般一个项目在初期的广泛调研，参与的人员和小组比较多，需要先把参与调研的人员或小组按照一定标准分成若干单位，按单位收集调研者或小组手上的问卷、笔记、信息表等调研信息。用分类整理以及对记录和笔记类问卷进行思路梳理的方式，把调研资料整合汇总起来。

2.7.1.2 遵照工序流程整理资料

通过调研得到的资料通常是未经处理，有较强的随意性，内容也繁冗复杂，需要进行再加工。整理调研资料的三大步骤，见图2-12。

图2-12 整理调研资料的三大步骤

（1）资料核查

资料整理的第一步是资料核查：①对调查得到的原始资料进行逐项检查与核对，以提高原始资料的准确性和完整性；②评定调查资料，审核原始资料的依据是否充分，推理是否严谨，观点是否正确，确保调查资料的真实与准确。如有错误或疑点，则需经过调查复核，及时纠正错误。调研资料的核查要点，见表2-7。

表2-7 调研资料的核查要点

核查要点	具体释义
真实性	调查资料来源的客观性，调查资料本身的真实性
准确性	着重检查那些含糊不清、笼统的、相互矛盾的资料
完整性	调查资料总体的完整性，即检查是否按设计过程进行；每份调查资料的完整性

（2）资料精简与筛选

没经过处理的原始资料，内容较为复杂冗长，需要优先筛选最能反映问题，对企业决策最有价值的调研资料，去粗取精，使人读了一目了然。

只要按市场调研步骤合理操作，一般较少出现调查资料重复。如果依然存在此情况，就需要进行删减重复的调查信息。

（3）资料分类

根据市场调研方案的各项调研内容，将经过编辑整理的资料进行结构化分类并编上适当号码，以便于查找、归档、统计、分析和使用。运用结构化思维充分理解资料，为下一步的资料分析奠定基础。

2.7.2　调研数据分析

在房地产项目前期市场调研中，准确的数据往往比长篇大论更令人信服，这要求适当运用调研数据，过多堆砌数字常使人眼花缭乱，失去价值。

数据本身不能说明什么，只有将其进行综合统计与分析，得到富有洞察力的判断，数据才能产生价值，为理论分析提供客观依据。

（1）数据分类处理

调研所获取的数据往往零散杂乱，必须将其进行归纳、分析，再用直观形式表现出来，方便决策者进行决策。相同的原始数据，经过处理会反映出不同的内容。因此，根据不同调研问题处理数据，才能得出相应的结论。不同调研问题的数据处理方式，见表2-8。

表2-8　不同调研问题的数据处理方式

调研问题	数据处理方式
本区位每个楼盘的基本情况	以每个楼盘为单位处理
本区位楼盘的均价水平	以每个楼盘的销售均价数据单位进行汇总
本区位楼盘的主力户型结构	以各楼盘户型配比相关数据为单位进行汇总
本区位的市场竞争力	以各楼盘销售率相关数据为单位进行汇总
本区位的供求特征	以各楼盘户型配比数据与楼盘客户结构特征为单位进行交叉分析

许多情况下，为了使数据能更直观地表达主题，通常将原始数据进行合理转

换或处理。以便获得更直观的数据，比如将各楼盘价格数据转化为百分比的表达形式。

（2）数据直观表达

数据直观表达指将加工整理后的数据用统计表、统计图、数据库、数据报告等形式表现出来。统计表和统计图是调研常用的数字表达方式，直观地将复杂数据变成简单、清晰、形象的图表，让人一目了然地了解数据所表达的含义，更具说服力。

使用统计表及统计图要有三个原则：①遵循"简单、直接、清晰、明了"的原则；②每个图表只包含一类信息，图表越复杂，信息传递效果就越差；③明确数据所表达的主题，明确数据间的相互关系，再确定用什么类型的统计表或统计图。

2.7.3 总结调研结果

市场调研固然重要，但得出结论更重要。撰写市场调研报告不能仅仅停留在数据、信息的堆积上，还要结合项目本身、市场实况，得出结论与建议。这是调研真正的价值所在。

在调研的总结阶段，要对市场调研工作的经验教训做出总结，尤其要分析调研中遇到的问题和障碍，找出原因，为以后工作积累经验。

2.7.4 撰写调研报告

撰写调研报告是房地产项目前期市场调研的最后一项工作内容，是对市场调研的直接总结。

2.7.4.1 调研报告的基本结构

一份完整的房地产项目前期市场调研报告通常由标题、目录、摘要、正文、结论与建议等组成，结尾还应附有必要的表格、附件与附图，以便阅读和使用（图2-13）。

（1）标题

标题能揭示调研报告的中心内容，将调研主题明确具体地表示出来，一般和报告日期、调查方、委托方一起打印在调研报告的扉页上。

```
                                    ┌─────────────────┐
                                ┌──→│      标题        │
                                │   └─────────────────┘
                                │   ┌─────────────────┐
                                ├──→│      目录        │
                                │   └─────────────────┘
                                │   ┌─────────────────┐
                                ├──→│      摘要        │
┌─────────────────┐             │   └─────────────────┘
│  调研报告的基本结构  │──────────────┤   ┌─────────────────┐
└─────────────────┘             ├──→│      正文        │
                                │   └─────────────────┘
                                │   ┌─────────────────┐
                                ├──→│    结论与建议     │
                                │   └─────────────────┘
                                │   ┌─────────────────┐
                                └──→│      附件        │
                                    └─────────────────┘
```

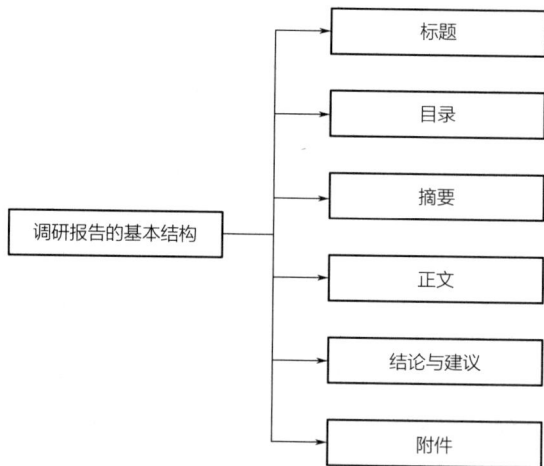

图 2-13　调研报告的基本结构

（2）目录

为了方便阅读，应当使用目录或以索引的形式，列出市场调研报告的主要章节和附录，并注明标题、有关章节号码及页码。一般来说，目录的篇幅不宜超过一页。

（3）摘要

摘要简明扼要地阐述市场调研报告的基本情况，按照调研顺序将问题展开，简要说明本次的调研目的与调研对象，指出本次调研采用的分析研究方法，提出本次调研所得的主要结论以及相关建议，其目的在于方便决策者了解内容，节省阅读报告的时间。

（4）正文

正文是市场调研报告的主体部分，准确地阐述市场调研的过程并分析相应的数据。这部分内容较详细，包括从问题的提出到引出结论，从调研的安排、实施到资料的归整、数据处理、研究方法的应用与研究，甚至包括研究中发现的问题和初步提出的解决对策。

（5）结论与建议

得出结论与建议是撰写市场调研报告的主要目的，也是市场调研的关键。根据正文分析，总结各种问题，得出有效的结论并提出具体的应对方案和策略措施，以供参考。

因此，结论与建议和正文部分的论述要紧密对应，不能过分延展。

（6）附件

附件是对调研报告的补充或更详尽的说明，是调研报告的一部分，一般指正文包含不了或没有提及，但与正文有关且必须附加说明的部分，如数据汇总表、原始资料背景材料和必要的工作技术报告，甚至借鉴的一些资料等。

2.7.4.2　调研报告的撰写要点

撰写房地产项目前期市场调研报告时，极容易走进泛泛而谈的误区，甚至照搬照抄，导致不同目的的市场调研却出现几乎一模一样的内容，只是为了完成调研而进行相关的编辑工作，使调研失去了其本身的意义。

因此，撰写调研报告时务必注意以下几个要点。

（1）结合项目，紧扣目的

报告的主体部分中任何章节的行文都需紧紧围绕着本次调研需解决的问题，将"分析"与"项目"结合，产生价值。如分析市场宏观环境时，需分析宏观环境的现状及趋势对本项目的影响和价值。

（2）简明扼要，突出重点

调研报告是一种沟通、交流的形式，行文应简洁明了，尽量避免长篇大论，多用简短的段落、简明的图表和表格加以表达，同时注重图表与文字的连续性。一些重要的数据与分析可以用"下划线"或"斜体字"等表达方式进行细节处理，突出重点，使人一目了然。

（3）准确分析，明确结论

调研报告的目的是将调查结果、战略性的建议和其他结果传递给决策者，所以调研的分析及结论在报告中需得到准确且清晰的体现，这些正是调研报告的精华及价值所在。

在每一章节结尾部分最好结合项目做"小结"，对该章节的各项分析进行综合性的系统评价，明确该章节的结论。

（4）不偏不倚，客观中立

在进行分析及撰写调研报告时，要保持公正、中立的心态，不能掺杂个人的主观偏好而任意武断。因为无论是有利还是不利的因素都将对项目的决策起着重要的作用。调研报告不是为了取悦某类人，而是为了解决问题。任何有利或不利的因素都对项目的决策起着重要的作用，因此没必要为了顾及客户的情绪，而将对项目不利的分析另作处理。

（5）理性表达，逻辑思维

要明确调研报告不是"以情动人"，而是"以理服人"，所用的词语应是朴实、中性、客观和专业的，渗透出极强的逻辑性和说服力，而不是用词华丽，极具浓郁的个人感情色彩，以此炫耀个人的文采。

第 3 章

房地产项目的定位管理

3.1　房地产项目的市场定位

项目定位是房地产项目营销过程中对战略、策略、战术等一系列概念问题的明确界定，是项目操盘策略和经营决策方向的评判依据，包括市场定位、客户定位、产品定价、价格定位、形象定位等诸多重要环节。

一个房地产项目的定位越准确，后期的销售任务就越容易完成。如果项目定位失败，几乎不可能完成销售任务，或销售成本要大大增加。

房地产项目开始之前制作的市场调研报告，已经明确了项目的三个问题：①项目处于什么样的竞争态势？②项目在未来可供选择的市场区位是什么？③项目有哪些相对的优劣势与风险？房地产项目的市场定位就是基于前期的市场调研来确定的。

3.1.1　房地产项目的市场细分

进行市场细分是房地产项目市场调研结束后开始的工作，指营销人员通过市场调研分析，按消费需求、欲望、购买行为、购买习惯、购买能力和特性等方面存在的差异，把一个总体市场划分成若干个具有共同特征的子市场的过程。

3.1.1.1　市场细分的核心

市场细分要解决的问题是一个房地产项目根据地段对目标客户的吸附力、项目定位和初步的客户切割这三个要素，界定出项目处于何种市场态势中，再锁定后期的运营中，谁是该项目的主要竞争对手，产品货量如何调整，营销和价格如何运作。做市场细分最终是要回到营销要解决的问题上：客户、产品、量价。

（1）客户构成

依据竞品客户特征素描及地图分布，勾画本项目的客户地图。

（2）产品供求与竞争

供求关系与竞争态势是项目影响一直要处理的关系。通过梳理竞争楼盘库存、供应计划、营销手段，判断本项目面临的竞争格局，制定针对性竞争策略。这里的分析最终要详细到项目的品类、户型、面积段、总价段等。

（3）量价关系

结合市场需求和竞争楼盘的产品素质、营销力度、价格、去化情况，测算本地市场的量价关系，推测项目的量价关系。其目的有两个：为后续项目价格策略提供专业依据；用期望价格测算可能的销售量。

3.1.1.2　市场细分的依据

市场细分的依据一般包括四类：地理因素、人口因素、消费者心理因素和购买行为因素（表3-1）。

表3-1　市场细分的四个依据

主要因素	详细内容
地理因素	国界、区域、城市、片区、地质、水文、地形、地貌、气候等
人口因素	国籍、民族、宗教信仰、年龄、性别、职业、收入水平、教育程度、家庭规模等，如按收入水平细分的经济适用房市场、普通商品房市场、高档商品房市场
消费者心理因素	兴趣、态度、情感、思维、意志、动机、气质、性格及社会交往活动方式等，如按动机细分的自用房地产市场、投资房地产市场
购买行为因素	购买产品类型及特征，对价格、广告、服务等的敏感程度，对开发商及销售渠道的信赖程度、购买时机、购买频率、使用频率等，如按产品类型及特征来细分，可分为大户型住宅市场和中小户型住宅市场

3.1.1.3　市场细分的方法

进行市场细分可采用单一变量因素细分方法，也可以采用多个变量因素组合或系列变量因素组合来细分（表3-2）。

表3-2　市场细分的三种方法

市场细分方法	操作办法
单一因素法	根据影响消费者需求的某个单一但重要的因素进行市场细分的方法。如利用收入变量，将房地产市场细分为高端市场和中、低端市场
综合因素法	根据影响消费者需求的两种或两种以上的因素进行市场细分的方法。如将年龄、职业、工作地点等变量进行组合确定细分市场
系列因素法	根据影响消费者需求的诸因素，由粗到细地逐步进行市场细分，使目标市场更加明确具体，有利于客户定位和营销策略选择的市场细分方法。如按人口、地理、心理、行为等变量确定细分市场

3.1.2　房地产项目的目标市场选择

影响房地产产品消费的变量很多，也就有了多种多样的细分市场。操作一个房地产项目，首先要选出最合适的目标市场，精准评估目标市场，才能制定出对的策略。

3.1.2.1　目标市场选择标准

选择目标市场，本质是决定房地产项目能进入哪些市场。一般会按以下三个标准去筛选：细分市场规模；细分市场发展潜力；细分市场吸引力程度。最后有选择性地进入既定市场中的一个或多个细分市场。完成这个过程，就完成了项目的目标市场选择。

（1）市场规模与发展潜力标准

一个项目尽可能地让自己的细分市场足够大、可识别、有利可图。但这个市场不可能过于庞大。因此，考虑细分市场，首先要明确市场合适的规模和发展潜力，若市场规模狭小，则不足以支撑整个项目的经营目标；过大的市场又让企业的开发和管理成本过高。

（2）市场吸引力标准

市场吸引力主要是指市场长期获利的大小。有五种因素决定一个细分市场的长期吸引力：现实竞争者、潜在竞争者、替代产品、购买者和供应商。分析以上任何五种因素，都能判断出目标市场吸引力的大小。

（3）企业目标和资源的标准

某些细分市场吸引力较大，但仍要认真区分两点。

① 目标市场无法推动企业实现发展目标，甚至还可能分散企业资源和精力，使主要目标无法完成，这样的市场应考虑放弃。

② 细分市场是否适合用企业自身资源条件去经营。只有项目有条件进入，能充分发挥企业资源优势的目标市场，才需要企业去积极占领。

3.1.2.2　目标市场选择模式

影响目标市场选择模式的因素主要有五个：企业实力、产品同质性、市场类同性、产品寿命周期和竞争者的市场模式。目标市场选择模式的适用条件，见表3-3。

表3-3　目标市场选择模式的适用条件

企业实力	产品同质性	市场类同性	产品寿命周期	竞争者的市场模式
强大	同质性弱	类同性弱	投入期 成长期	无差异性市场模式 差异性市场模式
强大	同质性强	类同性强	成熟期	差异性市场模式 集中性市场模式
弱小	同质性强	类同性强	衰退期	集中性市场模式

（1）无差异性市场模式

无差异性市场模式是企业不考虑细分市场的差异性，而是将整个房地产市场视为一个大的目标市场，以一种产品和统一的市场营销策略进入市场。该模式最大的优点是成本低，缺点是顾客满意度低，适用范围有限。适用于实力强大、生产规模较大的企业。

（2）差异性市场模式

在市场细分的基础上，选择两个或两个以上乃至全部市场作为目标市场，在不同市场设计不同的市场营销组合，以满足各个细分市场的需求。

这种市场模式是在市场细分的基础上，根据房地产开发企业自身的资源与实力选择若干细分市场作为目标市场，制定不同的市场营销计划。

（3）集中性市场模式

集中性市场模式是选择某一个和少数几个细分市场作为目标市场，集中企业力量，制定生产规模和市场营销计划。这种模式能实现企业的专业化经营，满足特定消费者的需求，并集中资源，节省营销费用，适合资源薄弱的小企业或初次进入新市场的大企业。

3.1.3　房地产项目市场定位的方法

房地产项目的市场定位是指房地产开发企业依据所选择的目标市场特点，评估项目所处市场环境，根据目标客户群体对产品属性、特色、功能等方面的重视程度，勾画与传递项目市场形象，通过强力的定位诉求，在目标消费者心中确定一个与众不同、有价值的地位。

3.1.3.1　三面交叉分析定位法

以市场竞争为导向，寻求整体或区域市场所需、市场竞争弱势和项目所能做到的边界，找到三者的交叉地带，即是三面交叉分析定位法（图3-1）。

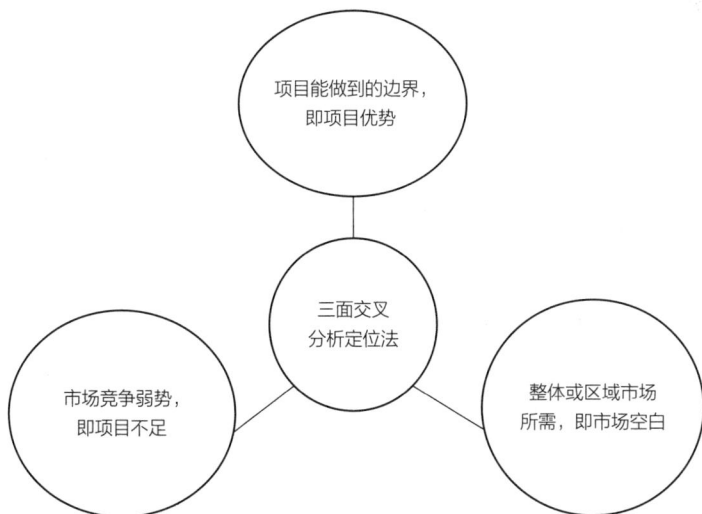

图 3-1　三面交叉分析定位法

使用三面交叉分析定位法，容易明确项目市场定位。对大型楼盘而言，市场定位不会局限在某一特定的细分市场，而是涉及市场上大多客户层面、类别，适合运用定位能变通的理念。

3.1.3.2　市场定位的三个步骤

市场定位的主要目的在于找出比竞争产品更大的优势，挖掘产品核心优势，并集中打造这个独特优势，使项目不是"第一"就是"唯一"，从而赢得目标消费者的

59

青睐。

进行项目市场定位可以通过三个步骤完成（图3-2）。

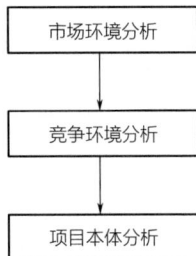

图 3-2　市场定位的三个步骤

（1）市场环境分析

市场环境分析，是在现有市场上，通过市场环境分析回答三大问题。

① 竞争对手找到了怎样的定位，竞争对手找到这样的定位效果如何？

② 现有市场用户在寻求什么产品，市场上的客户需求是否得到满足？

③ 企业应该为市场空缺做什么？

影响房地产市场环境的因素主要分为两大类。

① 微观环境因素。指直接影响企业市场营销活动的各种行为与人。

② 宏观环境因素。通过微观环境间接影响项目的营销活动的因素。

房地产市场环境分析主要包括以下三方面内容。

① 经济社会概况分析。简要分析本地区目前人口、经济、城市水平、居民收入水平等，了解项目所在区域的社会经济状况，确定项目宏观环境。

② 政策环境分析。政策偏向和优惠措施是房地产项目定位的重要依据。如土地政策、政府对城市和区域规划的意向等。要分析相关政策及其对房地产项目的影响，对国家、地区目前实行的有关土地、房地产方面的政策予以重点分析，进而评估项目的政策风险。

③ 地区城市规划分析。重点分析地区未来的城市发展方向、城市功能分区，以及地区发展方向与承担的城市功能。

（2）竞争环境分析

竞争环境分析是基于市场环境分析，明确项目的竞争环境，包括：直接竞争市场；同区域、同客户、同档次、同周期、同品质项目；竞争对手类型、竞争对手营销水平、竞争对手的产品开发和竞争对手的楼盘档次（表3-4）。以上都是竞争环境分析要研究的内容。

表3-4 竞争对手分析的主要内容

对手类别	分析内容	分析标准
竞争对手的类型	对方属于哪类竞争者	①愿望竞争者； ②一般竞争者； ③产品形式竞争者； ④品牌竞争者
竞争对手的营销水平	竞争对手的营销水平如何	①营销策略； ②广告活动； ③现场销售等
竞争对手的产品开发	竞争对手的产品开发概况	①产品设计的优劣势； ②楼盘质量情况； ③楼盘包装的优劣势等
竞争对手的楼盘档次	竞争对手的楼盘特征	①综合实力； ②项目概况； ③楼盘概况等

（3）项目本体分析

进行市场环境分析与竞争对手分析后，要对项目本体进行分析，主要分析项目区域现状和项目区域发展规划两个方面。

① 项目区域现状分析。内容包括：项目基本状况、项目基础设施和项目生活配套（表3-5）。

表3-5 项目区域现状分析的三大内容

分析内容	详情释义
项目基本状况	地理位置、面积、地形地貌状况、水文地质条件、土地性质及其红线图、七通一平齐全、地块历史研究等
项目基础设施	城市公共设施，如市政、能源、交通、通信，水、电、气、邮等基础设施分析
项目生活配套	项目周边区域的生活设施，如商场、饭店、娱乐场所、邮局、银行、医院、学校等

② 项目区域发展规划分析。分析项目区域发展规划就是分析影响项目发展的区域因素，主要包括：项目区域发展定位、重大城市建设项目、城市区域规划等内容。

3.2 房地产项目的客户定位

任何产品都是为客户服务，客户定位管理对成功运营一个产品和项目很重要。客户定位越精准，产品销售越顺利。

3.2.1 房地产项目的目标客户细分策略

客户细分（Customer Segmentation），也叫顾客细分、顾客区隔，是指企业在明确战略业务模式和特定市场后，根据客户属性、行为、需求、偏好及价值等因素对客户进行分类，并提供有针对性的产品、服务和销售模式。

3.2.1.1 客户细分的依据

客户细分有四步：①根据不同客户细分变量，对客户进行典型或有代表性的细目分类；②找准客户活动范围，把客户细分在不同细目的区域内；③从性别、年龄、消费能力、兴趣爱好等具体方面分析客户，做精确定位；④划分好目标群体后，对目标群体进行画像。一个项目的客户细分，只是假设项目的目标客群范围，在实际操作中，还要根据客观实际市场，不断修正这个假设。

客户细分有多个标准，主要的客户细分依据有三个。

（1）外在属性

客户外在属性是指客户的外在特征，如客户地域分布，客户拥有的产品，客户组织归属（企业用户、个人用户、政府用户）等。这种客户分层最简单、直观，数据很容易得到。但这种分类比较粗放，仅仅能得出某一类客户消费能力比另一类客户强这些简单的结论。

（2）内在属性

内在属性是指客户内在因素决定的属性：性别、年龄、收入、职业、文化程度、爱好、家庭成员、家庭结构、主要接触媒体、居住生活的区域、性格、价值取向等。不同的内在属性，可细分出不同的客户群体。客户内在属性差异的具体内容，见表3-6。

表3-6　客户内在属性差异的具体内容

内在属性	具体内容
年龄	20~30岁、31~40岁、41~50岁、51岁以上
收入	月收入、个人年收入、家庭年收入等
职业	工人、教师、企业职员、公务员、私营业主、医生等
文化程度	小学、中学、学士、硕士、博士
家庭成员	父母、子女
家庭结构	单身、两口之家、三口之家、三代同堂
主要接触媒体	微博、微信、抖音、视频号
居住生活区域	市中心、郊区

（3）消费行为

不同消费行为对应着不同的消费特征和取向。根据客户消费行为，能对客户进行更多的细分。客户消费行为因素包括：购房情况、购买动机、品牌忠诚度、准备购买时机、对产品的态度等。目标客户的五种消费行为因素，见表3-7。

表3-7　目标客户的五种消费行为因素

消费行为因素	具体释义
购房情况	第一次购房、第二次购房、第三次购房、多次购房等
购买动机	经济型、地位型、理智型、投资型等
品牌忠诚度	高、中、低、无
准备购买时机	不知、已知、很清楚、有兴趣、有欲望等
对产品的态度	狂热、喜欢、无所谓、不喜欢、敌视等

用消费行为细分客户有其优缺点。①优点：消费数据信息可以从客户历史消费记录中统计。②缺点：这种方法只适用于现有客户。对于潜在客户，因为不能掌握其消费行为，消费分析也无从谈起。

3.2.1.2　客户细分的标准

在不同划分标准下，客户定位的模式也不同。目前，常见的客户细分标准有三种（图3-3）：

（1）按收入水平划分

按收入水平划分客户，是房地产行业的第一代客户划分标准。方法是依据项目所在地的经济发展水平、房地产市场行情，根据目标人群购买力来划分。这种模式简单有效，但容易产生想当然的乐观，对房地产开发项目的整体定位和营销策略的

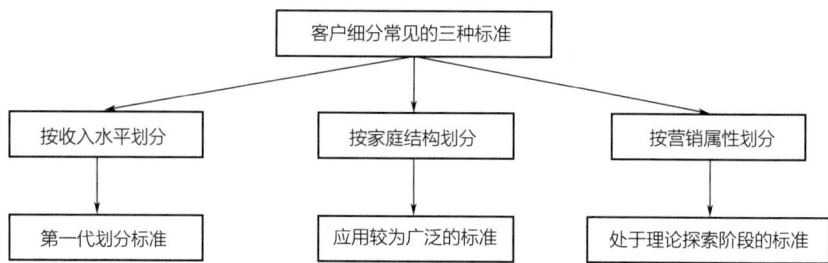

图 3-3　客户细分常见的三种标准

作用有限。

（2）按家庭结构划分

依据家庭结构划分客户是如今房地产企业做客户细分使用广泛的标准。最具代表性的便是万科地产，按照万科地产的客户划分，房地产开发企业的房子，首先是销售给一个家庭，而非某个个人。这个标准实质上确定了家庭结构对楼房消费的重要决定作用。

很多房地产开发企业开始根据新生家庭结构，进行住宅产品迭代升级，打造更宽、更长的住宅产品线。在营销推广层面，根据不同类型家庭的居住痛点，重新进行产品策划和服务定位。

（3）按营销属性划分

按营销属性划分目标客户，需要企业营销部对客户与产品、营销推广、地缘关系和经济承受能力等方面进行综合考量，从而使客户定位回到营销实战的本质。目前此方法还不够成熟，仍处在理论与探索阶段。这种方法对做定位的专业人员要求非常高，在推广实施上，难度比较大。

3.2.2　房地产项目的目标客户选择策略

目标客户选择处在房地产项目营销工作的前端，确定消费群体中的某类目标客户，能为项目推广和销售奠定充足的客源基础，是有效、有针对性地开展项目前期定位和营销工作的重要保证。

3.2.2.1　目标客户的特点

目标客户细分完成后，接下来需结合项目自身特点，筛选客户，挑选有购买力、有产品需求的目标客户。这个时候要注意三个主要特征。

（1）心理地域特征

房地产产品的关键因素是地段。通常情况下，客户购房具有较强的心理地域特征：①当地居民及中老年人士，习惯本区域生活，通常倾向于在原居住区域购房；②工作相对稳定的普通工薪阶层，多数以其工作区域为中心，多半会把可接受的距离作为购房的条件。

（2）选择户型方向

首次购房的客户和改善型的客户在户型选择上有明显区分：①刚需型和享受型的客户其户型方向特征更明显，如小户型公寓产品以一居和两居为主，吸引的是25～35岁的青年白领、首次购房或投资的客群；②改善型客户会基于家庭结构变化和经济实力改善，喜欢选择舒适的三居室或四居室；③经济上暂时拮据的年轻人，憧憬美好未来，思想乐观，想改变现状，敢预支花费未来的钱，产品选择空间较大。

（3）价格敏感度

无论什么类型的产品，价格都由成交决定性因素决定。房子作为大宗交易商品，购房者对其价格承受力会不断发生波动甚至转变。受收入和积蓄限制，每个购买者都要在价格和需求之间进行平衡。

3.2.2.2　选择目标客户的依据

选择目标客户时，往往把多个参数同时拿来作为参考依据，而非只做单一选择。

（1）项目所在区域特性

选择目标客户，先要考虑项目所在区域的自然特征、人文环境和政策环境等特性，明确项目所在区域与其他区域相比的优劣势，大范围地寻找潜在的目标客户。

（2）竞争对手客户群

选择目标客户，要分析已建成或正在建设中的同区域竞争项目的目标客户群体，以便找到项目自身的目标客户，从而制定竞争策略，避免恶性竞争。

（3）项目自身条件

从项目自身条件出发，分析项目自身所有的资源、规划特色和档次，以及能为客户提供什么样的需求，吸引什么样的客群前来购房。剖析项目自身的优劣势，更精准地选择目标客户。

3.2.3　房地产项目的客户定位方法

项目开始运行后，很多房地产营销团队会发现，前期营销都会存在客户定位不准的问题。导致后面营销活动目标不准确，效果不明显。

造成这一问题的主要原因有两类：①企业对整个房地产市场及客户需求了解不够深刻；②企业做房地产产品定位时，没围绕消费者需求做充分思考，导致产品定位无法满足消费者实际需要，楼盘销售不畅。

3.2.3.1　客户定位的方法

目标人群的习惯、喜好、追求是一个项目非常重要的特征。只有目标客户群特征显化才能进行更好的营销。

产品市场定位完成后，客户特征要和项目相联系。前提是做好客户的精准画像，即高度精练地描述这类人，让精准客户浮出水面。可以通过四个步骤进行客户画像与描述（图3-4）。

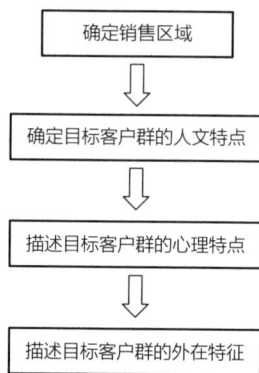

图3-4　房地产项目锁定目标客户的四个步骤

（1）确定销售区域

确定目标客户群的地理范围，先锁定销售区域的边界，借助城市分析、商圈分析等专业分析手段缩小客群的地理范围，找到目标客户群最集中的地方，确定销售区域。

（2）确定目标客户群的人文特点

目标客户群的人文特点直接反映个体客户的个性和心理需求。可以精细划分客户群体，有针对性地细化营销策略，在营销过程中第一时间打动目标客户，引发其购买的欲望。

（3）描述目标客户群的心理特点

房屋买卖属于大宗交易，房地产企业要尽力满足客户心理需求，客户看重的东西不仅不能随便减配，还要最大程度加强。因此，需要从他们的精准画像中明确客户群的心理特点，找到产品和营销的最佳结合点。

（4）描述目标客户群的外在特征

每个营销团队，主观上都渴望目标客户群越广越好。实际上，客户需求存在多元性和多样化，一项产品不可能满足所有人的需求。刻画目标客户群的目的在于，通过对特定人群的挖掘，吸引、影响、显化甚至扩大项目的使用者队伍，挖掘更多目标客户。

3.2.3.2　客户定位的流程

以客户为中心是真正解决营销问题的关键。项目后续营销推广是否具有针对性，源自前期客户定位的准确度。精准定位目标客户，可按照以下三个步骤（图3-5）。

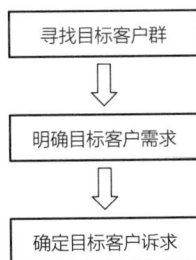

图 3-5　精准定位目标客户的三个步骤

（1）寻找目标客户群

根据房地产企业不同的诉求目标，通过分析客户响应力、客户销售收入、客户利润贡献、客户价值区隔、忠诚度、推荐成交量这六个方面，对细分客户进行价值定位，选定最有价值的细分客户作为项目的目标客户群。

（2）明确目标客户需求

处于不同生活状态的客户，其生活品质需求不同，对房地产产品的关注点也不同。"对的产品"必须能匹配上目标客户的需求。以客户需求为导向，才能挖掘出目标客户的潜在需求，掌握目标客户群体的真实需求，实施精准营销。房地产项目客户需求的三个层面，见表3-8。

表3-8　房地产项目客户需求的三个层面

需求层面	详情释义
功能需求	从户型产品层面，满足不同家庭结构的客户对居住、安全、使用功能的要求
精神需求	从风格主题层面，满足不同层次客户对于身份标签、情感体验的要求
发展需求	为好的住宅做好配套，包括学校、医疗、商业等

（3）确定目标客户诉求

简单说，客户诉求就是房地产项目能满足客户哪些需求，能解决客户哪些问题。

可以分两步明确客户诉求：①选出最有价值的客户作为目标客户，进行调查分析；②抓住与目标客户的首次沟通机会，提炼他们共同的诉求，找到客户诉求的切入点。不同类型客户的需求关注点，见表3-9。

表3-9　不同类型客户的需求关注点

客户	主要特征	客户关注点
单身人士	①积蓄不多，现金流可观； ②渴望有属于自己的房子，愿意根据工作变动更换居所	①交通便利的成熟地段； ②总价低、功能全的小户型； ③完善的配套设施
已婚人士	①积蓄不多，有一定支付能力； ②对周边环境、配套要求高	①功能完善的两室住宅，户型突出生活特点； ②对面积和总价要求较严格； ③希望生活配套完善
拆迁家庭	①眷恋原居住区； ②经济能力不足以购买理想住宅	①生活在原居住区域； ②原住地二手房或偏远地区的商品房
成熟家庭	①改善现有的居住环境； ②周边有教育资源	①交通便利； ②房屋功能性强； ③注重项目品质； ④有文化教育资源
养老人士	①有一定金额的存款； ②处于享受晚年的人生状态	①关注发达城区生活便利且幽静的地段； ②小区内环境优美，利于养生； ③物业管理适合老年人生活； ④关注房屋功能和建筑细节
投资客	获取房屋买卖的差价或租金	①住宅类户型适中，景观好； ②商铺办公楼等成熟区域，有商业或商务氛围
富贵之家	①属于社会成功人士，购买力强； ②追求高生活品位和消费	①开发企业品牌； ②项目品质、档次； ③身份的体现

3.3 房地产项目的产品定位

所谓产品定位，是指依据目标市场，针对目标客户群体对产品的需求，强有力地塑造产品的个性特点，确定符合市场需求和投资回报的产品设计方案、产品规划和设计理念，最终完成产品定位，从而占领市场并获得收益的过程。

产品定位要在市场定位和营销总体思路指导下，对项目提出产品规划设计的基本要求。产品定位的核心元素有三个：产品类型、产品户型配比和项目配套。作为营销道具的楼盘样板体验区的配套设施是给客户展示产品定位（如项目类型、产品户型、配套建筑）的依据。

3.3.1 房地产项目产品定位的内容

一个产品由产品性能和功能组成，二者是区别于其他同类产品的内部要素。

进行产品定位分析有三个步骤：

① 研究产品种类和目标客户消费与使用产品的过程；

② 确定房地产项目形成的外部和内部条件，分析项目开发方案构成的主要因素；

③ 形成具体的有市场差异化的产品。

房地产项目产品定位要从产品主要特征出发，用专业标准评判。如规划布局特色、建筑风格、建筑功能、主力户型及建筑规划指标等。进行产品定位最主要的两类指标是：规划限制类指标、市场与技术类指标。

（1）规划限制类指标

规划限制类指标又称产品硬件指标，如容积率、密度、绿化率、停车位配比、控高等。这些指标全部由政府规划决定且属于产品不可更改的内容。

产品定位过程中，在规划限制类指标的限定下，与产品属性有关的内容包括：项目土地用途、项目总规划建设用地面积、项目总建筑面积、项目建筑容积率、项目建筑覆盖率、项目绿化率等。

（2）市场与技术类指标

市场与技术类指标又称产品软件指标，如资金、材料、工期、技术、施工等都是不确定的变数。在产品定位过程中，属于市场与技术类指标的内容包括：项目规划布局、建筑档次与风格、建筑功能布局、建筑选型、户室比、房型、配套设置等。

3.3.2 房地产项目产品定位的方法

客户购买房子，不仅看中房子的建筑面积、价格、交通位置等因素，还会看中小区环境、周边及内部配套、付款方式、按揭年限、物业管理等综合因素。

常见的产品定位方法有两种：市场分析法和SWOT分析法。

（1）市场分析法

市场分析是对市场规模、位置、性质、特点、市场容量及吸引范围等数据进行的经济分析。

市场分析的目的有三个：①分析环境、竞争对手的产品、目标客户，从中寻找和研究潜在需求；②帮助产品设计部门进行构思和规划定位，明确用户群体和使用场景；③提升目标客户的产品体验和市场价值。

应用市场分析法，最简单的做法是：①调查同区域的竞争项目，分析竞争项目的销售情况及其原因；②在项目产品设计中能做到与竞争项目取长补短，结合项目自身情况科学地进行产品定位。

（2）SWOT分析法

SWOT分析法是基于房地产项目的内外部竞争环境和竞争条件下的态势分析，综合分析房地产项目的内部优劣势、外部机会与威胁，明确房地产项目产品特征的方法（图3-6）。

图3-6 房地产项目产品定位的SWOT分析模型

运用这种方法，可以对房地产项目所处的市场环境进行全面、系统、准确的研究，从而根据研究结果为房地产产品制定有效的定位策略。

用SWOT分析法分析时要注意两点：

① 应以客观的市场调查为基础，清晰地列出项目优势、劣势、机会、威胁，构造出SWOT矩阵；

② 在分析过程中，将直接的、重要的、迫切的、深远的影响因素排在前面，将间接的、次要的、缓慢的、短暂的影响因素排在后面，再逐一用SWOT模型进行分析。

3.3.3 房地产项目产品定位的四大流程

进行房地产项目的产品定位，需要敏锐地洞察市场情况，积极寻找销售区域内的产品空白点，在将项目推向市场前就把产品的竞争风险降到最低。比如，若本区域内，大户型供不应求，则应聚焦小户型；若在本区域市场内，别墅产品扎堆销售，则应聚焦去化项目及其他业态产品。

具体的产品定位流程如图3-7。

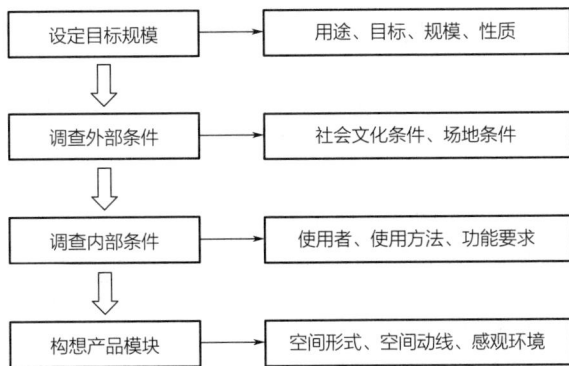

图 3-7 房地产产品定位的基本流程

3.3.3.1 设定目标规模

设定目标规模，须以满足使用为前提，避免不切合实际的规划与建设。主要目的是求得抽象单位尺寸，明确项目的负荷人数和空间特征，及项目在环境中的实际运行状况。

抽象单位尺寸是指人均用地数量、人均用地面积、人均单位尺寸等指标，是对"使用时间——人数要素——使用空间"的考察。

产品目标规模包括：①建筑大小、高低尺寸、面积、容积、空间体量、尺度、建筑与街道的距离、建筑与环境的影响方式等；②使用者活动轨迹，使用者由内到外对目标空间的使用方式，空间组合比例及环境空间使用量上的分配比等。

3.3.3.2 调查外部条件

建筑外部条件主要包括：地理条件、地域条件、社会条件、人文条件、景观条件、经济技术条件、市政条件以及总体规划中的控制性条件（表3-10）。

表3-10 房地产项目外部条件调查的八项内容

外部条件	详情释义
地理条件	与建筑设计、施工和运营有关的地理条件，包括地理位置、地理特征、地理气候等
地域条件	指用地所处城市行政区的性质、行政区的级别及与周边行政区的关系
社会条件	指用地周围的社会生活环境状况、城市配套设施建设情况、社会组成的比例、社会治安和秩序现状等
人文条件	指用地所在地区或附近地区的人口构成特征、人口文化素质、城市历史文化背景等
景观条件	指用地本身在城市中的景观效应、用地四周的景观资源以及景观特征
经济技术条件	指对技术手段、项目总投资、投资分配比例、土地价值时限、对地区经济的作用等方面
市政条件	城市热力管网、燃气管线、供水管网及水源、污水排放系统、雨水管网、市政中水管网等方面
总体规划中的控制性条件	项目地块在城市整体规划或项目整体规划中的控制性条件

3.3.3.3 调查内部条件

内部条件主要指建设项目自身条件，如功能要求、使用者条件、使用方式、建设者的设计要求、管理条件、基地内的场地性质。

3.3.3.4 构想产品模块

（1）土地利用模块

利用人造园林手法进行园林设计，为居民提供一个休闲游憩空间，以绿化广场和水面为中心。

（2）环境结构模块

某项目环境结构模块类别及内容，见表3-11。

表3-11　某项目环境结构模块类别及内容

结构	详情释义
结构一	中心广场和中心绿地开放空间体系的规划
结构二	规划布局公共空间、半公共空间和私密空间的规划
结构三	各游憩活动区域的空间界限，安全防伪功能，小区的整体感规划
结构四	自成体系的绿化系统，车行系统，步行网络，人车分流设计
结构五	公共服务设施、集体设施

（3）功能设置模块

某项目功能设置模块分类及内容，见表3-12。

表3-12　某项目功能设置模块分类及内容

功能	内涵
功能一	一层设置，如入户大堂，接待中心和商务中心
功能二	六、七层设置，如大型生态运动会所，满足休闲娱乐需求
功能三	两塔楼间设置，如主体休闲连廊空间，满足聚会交流功能
功能四	群楼设置，如增加商场，满足购物需求
功能五	顶层设置，如会所、观星台、舞池、宴会厅，满足聚会和观光需求等

（4）道路系统模块

道路系统包括小区入口、行车方式、步行系统。

（5）绿化系统模块

项目的绿化系统包括绿色中心园林、绿化带、组团绿地、宅旁绿地和道路绿地。

（6）建筑设计模块

结合项目的整体规划结构，设计空间布局形态、建筑布置、区域间的连接。

3.4　房地产项目的价格定位

房地产项目的价格始终是开发企业、购房者和竞争者最敏感的问题，一个项目的价格过高或过低，均会影响项目的销售速度与销售利润。房地产项目的价格通常是影响项目交易成败的重要因素，是房地产营销组合中最难确定的因素。

3.4.1　房地产项目价格定位的三种方法

房地产项目价格定位是企业给项目制定的一个基本价格或价格浮动的范围。影响项目价格的因素很多，制定价格要考虑三个情况：

①项目成本，规定了价格的最低基数；②市场需求，决定了价格的浮动空间；③竞争者的价格，为项目提供制定价格的参照系数。

房地产企业的定价方法通常有三种：成本导向定价、需求导向定价、竞争导向定价。

3.4.1.1　成本导向定价

成本导向定价是以成本为中心，按卖方意图定价的方法。其基本思路是：①定价时，先考虑收回企业在生产经营中投入的全部成本；②定价时加上企业的利润。

成本导向定价法有三种：成本加成定价法、目标收益定价法和售价加成定价法。

（1）成本加成定价方法

成本加成定价法是按产品单位成本加上一定比例的利润来制定产品价格的方法。

在具体项目的计算中有两个步骤：①测算或核算直接成本：土地成本、施工前期费用、工程费用、施工手续费、工程管理费、财务费用等成本；②加上一定比例的企业利润，再确定项目的定价。

该种定价方法中，售价与成本间的差额即为利润。其中，成本中包含了税金。

成本加成定价方法的计算公式：

$$单位产品价格 = 单位产品成本 \times （1 + 加成率）$$

市场环境诸因素基本稳定的情况下，采用这种定价方法可保证房地产企业获得正常利润。这种方法的利弊也非常清晰：①优点是计算简便，确定成本比确定需求容易，定价时着眼于成本，企业可以简化定价工作，不必经常依据需求情况而做调整；②缺点是忽视了市场经济条件下的竞争环境及目标需求弹性。

（2）目标收益定价法

目标收益定价法又称目标利润定价法，或投资收益率定价法。是在成本基础上，按目标收益率的高低计算售价的方法。计算步骤如下：

① 确定目标收益率。目标收益率可表现为投资收益率、成本利润率、销售利润率、资金利润率等多种不同的形式。

② 确定目标利润。由于目标收益率表现形式的多样性，目标利润的计算也不同，其计算公式有四个：

$$目标利润=总投资额×目标投资利润率$$

$$目标利润=总成本×目标成本利润率$$

$$目标利润=销售收入×目标销售利润率$$

$$目标利润=资金平均占用额×目标资金利润率$$

③ 计算售价。售价＝（总成本＋目标利润）÷预计销售量

例如，开发总建筑面积为20万平方米的小区，未来市场可实现销售16万平方米，总开发成本为4亿元，企业目标利润为成本的15%，该小区售价的计算公式为：

目标利润＝总成本 × 成本利润率

$$= 4 × 15\%$$

$$= 0.6（亿元）$$

每平方米售价＝（总成本＋目标利润）÷预计销售量

$$=（400000000+60000000）÷160000$$

$$=2875（元）$$

目标收益率定价法的优点是可以保证企业既定目标利润的实现。该方法适用于市场上有一定影响力、市场占有率较高或有垄断性质的企业。

（3）售价加成定价法

售价加成定价法是一种以产品最后销售为基数，按售价的一定百分率计算加成率，最后得出产品售价。

计算公式为：

$$单位产品售价＝单位产品总成本÷（1-加成率）$$

例如，某项目开发成本为每平方米2500元，加成率为20%，则该楼盘售价的计算方式为：

$$售价=2500÷（1-20\%）$$

$$=3125（元）$$

这三种成本定价法存在异同。①共同点：均以产品成本为制定价格的基础；在成本基础上加上一定的利润来定价；但没有考虑市场需求和市场竞争情况。②不同

点：对利润的确定方法略有差异。

3.4.1.2　需求导向定价

需求导向定价是指以需求为中心，把买方对产品价值的理解和需求强度作为核心依据的定价方法，而非仅仅依据卖方成本定价。主要方法有两种：理解值定价法和区分需求定价法。

（1）理解值定价法

理解值也称"感受价值"或"认识价值"，是消费者对商品的一种价值观念，本质上是消费者对商品的质量、用途、款式以及服务质量的评估。

理解值定价法的基本指导思想是：决定商品价格的关键因素是消费者对商品价值的认识水平，而非卖方成本。

运用理解值定价法定价有两个步骤：

① 估计和测量营销组合中的非价格因素在消费者心目中的认识价值；

② 按消费者的可接受程度确定楼盘的售价。

利用理解值定价法定价的五个步骤：

① 确定顾客的认识价值；

② 根据确定的认识价值，决定商品的初始价格；

③ 预测商品的销售量；

④ 预测目标成本；

⑤ 决策。

理解值定价法的关键是准确地掌握消费者对商品价值的认知程度：

① 对自身产品价值估计过高，会令产品定价过高；

② 对自身产品的消费者认识价值估计过低的企业，所定价格可能低于产品应有的价值。

理解值定价法把现代产品定位思路融合进来，是市场经济条件下一种全新的定价方法，使用的企业越来越多。

（2）区分需求定价法

区分需求定价法又称差别定价法，是指某一产品可根据不同需求强度、不同购买力，不同购买地点和不同购买时间等因素，制定不同的售价。

例如，消费者在商场喝一杯咖啡20元，在咖啡馆可能需要35元，如果是机场咖啡厅就要付60元。

对房地产来说，同一种标准、同一种规格、同一种外部环境的商品房，也会因为楼层数的相应变化而使销售价格相应变化。区分需求定价法主要有四种形式：

① 以消费群体差异为基础的差别定价；

② 以数量差异为基础的差别定价；

③ 以产品外观、式样、花色等差异为基础的差别定价；

④ 以地域差异或时间差异为基础的差别定价。

3.4.1.3 竞争导向定价

竞争导向定价是企业为应对市场竞争需要而采取的特殊定价方法。它以竞争对手的价格为基础，根据竞争双方力量等情况，制定比竞争对手价格低、高或相同的价格，以达到增加利润、扩大销售量或提高市场占有率等的定价方法。

这种定价方法适合企业项目在市场上有较多竞争者的情况。采用竞争导向定价法可确定楼盘售价，促进销售，能尽快收回投资，减少经营风险。

竞争导向定价法分两种：随行就市定价法，追随标杆企业定价法。

（1）随行就市定价法

随行就市定价法是企业使自己的商品价格跟上同行的平均水平的方法。这种定价方法通常适合三类情况：

① 竞争对手不确定，希望得到公平报酬，不愿打乱市场现有正常秩序的房地产开发企业；

② 竞争激烈而产品弹性小或供需基本平衡的市场；

③ 以跟随市场趋势为主的中、小房地产企业。

（2）追随标杆企业定价法

使用追随标杆企业定价法的房地产企业，一般都拥有较丰富的资源储备，为应对或避免竞争，或为了稳定市场以实现企业的长期经营，往往以同行中对市场影响最大的房地产标杆企业的价格为标准，来制定企业的商品房价格，以跟着标杆企业走的思维方式，规避市场风险，实现企业目标。

3.4.2 房地产项目价格定位的五个步骤

项目价格定位的工作程序，是一连串由整体到个体，从全盘到具体，分阶段评估与决策的过程，每个阶段都有不同的评估内容和决策内容。无论采用哪种定价方法，都必须完成以下几个步骤（图3-8）。

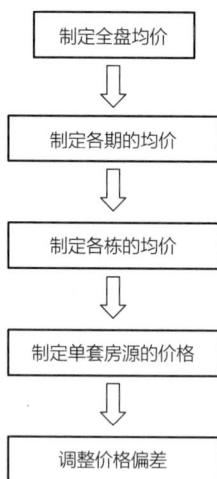

图3-8 房地产项目价格定位的标准流程

（1）制定全盘均价

为任何一个楼盘做定价，都必须先根据市场竞争、时机差异、产品规划及开盘目标等因素，确定项目的整体价格水平，即制定全盘均价，以此作为产品价格制定的依据。

在确定全盘均价的阶段，可以采用成本定价法，即根据开发成本和开发商的目标要求，也可以采用市场比较定价法，即与市场同类项目或竞争项目中的同类产品进行对比，来制定项目的全盘均价。

（2）制定各期的均价

如果项目属于开发规模较大的楼盘，要实施分期销售，需要制定出各销售期的产品均价。

制定各期产品均价的步骤是：①按照项目开发的分期计划，对各期产品间的差异因素做分析对比；②分析导致项目产生差异的因素，如工程形象、配套设施、社区成熟度、位置等，评估这些因素对各分期产品价格造成的影响；③制定出各期的产品均价。

（3）制定各栋的均价

评估分析影响楼盘内各栋产品价格的因素及影响程度，如户型、楼间距、景观等，从而制定出各栋的均价。

（4）制定单套房源的价格

根据每套房源在楼栋中的位置、采光、朝向、面积、景观和户型格局等因素进行差异对比，从而制定单套房源的价格。

（5）调整价格偏差

制定出各户型的平均单价后，检验审核整体的平均单价是否与原先预定的相符。由于各户面积大小不一，得出的均价可能不等于原先预定的均价，可将差异金额等比例调整至相同。

3.4.3 房地产项目价格定位的三大策略

房地产市场千变万化，价格策略也需要顺势而变，不同的销售阶段，房地产项目会有不同的定价策略。房地产项目定价策略的三大类型，见图3-9。

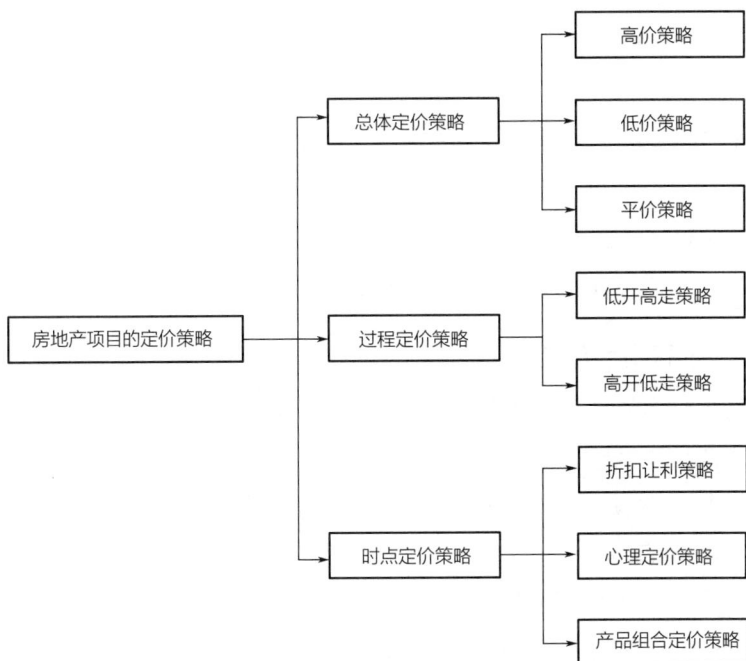

图 3-9 房地产项目定价策略的三大类型

3.4.3.1 总体定价策略

在房地产项目的价格定位中，为整个项目进行总体定价是第一步。总体定价策略主要有三种形式：高价策略、低价策略和平价策略。

（1）高价策略

当房地产项目具备了竞品项目所没有的卖点时，可以采取高价策略，在短期内实现盈利目标，掌握房地产市场竞争的主动性，控制市场需求量，不至于流失潜在客户。产品高价入市后，再根据市场情况和项目自身情况，实施降价措施。

（2）低价策略

低价策略有两种模式：①入市价和产品均价都比较低，被多数房地产开发企业选择，以低价拓展销路，实现获利，从而提高市场占有率；②入市价比较低，产品均价高，目的是为了扩大市场和品牌推广，很多企业把项目销售中的低成本部分视为项目营销成本。

这种模式的隐患在于，容易给客户较强的失落感，给客户留下房地产企业不诚信的印象，有损品牌形象。

（3）平价策略

房地产项目在开盘时以符合市场行情的价格来销售即是平价策略。一般适用于以下三情况：①房地产项目所在区域的市场状况比较稳定、成熟；②本区域的市场竞争较弱；③本房地产项目成交总量较大。

平价策略的特点是利润大，但风险也大。能在现有市场状况下使企业保持住占有率，是绝大多数房地产开发企业首选的稳健策略。

3.4.3.2 过程定价策略

房地产项目的销售过程比较漫长，市场行情复杂多变。因此，房地产开发企业在确定总体定价策略后，还要根据供求关系变化等实际情况，在不同销售阶段对项目价格做出相应的调整，争取每一个策略的运用都能带来良好的经济效果。

（1）低开高走策略

低开高走的定价策略是指，一个房地产项目，随着楼盘不断有产品竣工交付，每到一个销售阶段，就需要一个调价时点，要按预先确定的调价幅度提高项目售价。

这种定价策略在房地产开发企业中比较常见。常用于楼盘预售或内部认购试水期，前期能吸引市场关注，后期能增加房地产项目的增值口碑，不断触动目标客户的需求，营造项目人气渐升的氛围。

（2）高开低走策略

高开低走策略是房地产项目以高价开盘，经过一个阶段后再逐步降低价格，吸引其他消费层次的客户购买的策略。这种策略在前期可以形成先声夺人的气势，有助于突出项目优势与竞争力，但后期实施低价策略，不符合房地产保值增值的规律，容易影响项目投资价值的形象，影响后续目标客户的购房需求。

这种价格策略在以下两种情况下不会损害企业的信誉：①宏观环境发生变化，房地产市场出现衰退迹象，开发企业采取这种策略来推动销售；②项目进入尾盘销售需要清货时，通常有类似策略，以低价售卖仅剩户型。

3.4.3.3 时点定价策略

在整个价格控制过程中，还要同时辅助使用时点定价策略。根据不同销售状况，在不同销售时点上适当采用不同的销售技巧，促进价格策略的顺利推行和价格的最终实现。

（1）折扣让利策略

根据商品房基本销售价格，在开盘期、庆典、调价初期、尾盘发售等节点，都需要以各种折扣给客户让利，促进销售。

常用的折扣让利方式主要有三种。

① 付款期折扣。指交纳一定比例的定金后，为鼓励购房者尽快付款，在原价基础上给予一定的折扣。如付款期为30天，客户在10天内付款，则给予总价2%的折扣等。这种折扣策略能加强开发企业的资金回笼，降低信用成本，阻止坏账发生。

② 现金折扣。指客户以付现的方式交纳房款而给予的折扣。分为一次性付款折扣、分期付款折扣。其中，一次性付款折扣率要高于分期付款折扣率。

③ 数量折扣。指购房者购买的数量不同，给予不同价格优惠。购买量越大，给予的折扣率越高。这种折扣策略可以按每次购买量，或一定时间内累计购买量来计算。对房地产开发企业来说，最合算的数量折扣金额，应小于零售费用与按零售延迟的平均出售时间计算的利息之和。

（2）心理定价策略

心理定价策略是指根据用户追求高性价比、追求吉利等购房心理，有意识微调楼盘价格，以加快销售或取得更大效益。心理定价策略有以下三种常用方式。

① 尾数定价策略。根据消费者求廉的购房心理，尽可能取低一点的价格，如14999元/平方米、15388元/平方米等。

消费者之所以会接受这样的价格，原因主要有两点：①给人便宜很多的感觉，如定价为14980元/平方米，消费者会产生每平方米还不到 15000 元的感觉；②有些消费者认为整数定价是概略性的，不够准确，非整数定价则让消费者在心理上产生定价认真、严谨的感觉，能增强消费者的信任感。

② 整数定价策略。对同种类型的楼盘，特别是高档别墅，其消费对象多是高收入者，他们往往更关注楼盘的档次是否符合自己的要求，在不能充分了解房地产特质的情况下，消费者往往以价格作为辨别质量的依据。

有一类消费者购买高档商品房，不仅是为了自我享用，还有一个重要的心理因素是显示自己的财富，整数定价法可以更好地满足他们的需求。

③ 口彩定价策略。如今的房地产销售市场，比较流行使用吉利数字15888元/平方米、18666元/平方米等，这可能会满足一些客户求吉利的心理。类似18号、88栋、616室之类有口彩较好的门牌号码的产品，可以制定相对稍高的价格。此外，楼盘中使用4、7、13等数字的可尽量避免，或通过变相削价冲淡人们的感受。

（3）产品组合定价策略

先辨别楼盘各个产品间的组合关系，再运用产品组合理念制定组合价格，不求个体利润均好，力求楼盘整体利润最大化，实现销售定价和折扣的最佳组合。

① 低定价、低折扣。这种定价方法较接近项目的实际价格，给人第一感觉是较为实际，价格所含水分少，易给客户留下好印象。

房地产销售周期较长，在楼房预售到业主入住整个销售过程中，必然有实际价格变化，制定定价策略时必须考虑这一时间变化。使用"低定价、低折扣"定价策略，能为这一变化留出宽裕的余地。这种定价策略也符合房地产销售"明升暗降"的调价原则。

② 高定价、高折扣。房地产楼盘定价高，是给打折促销留出余地和空间，也为市场波动造成的产品价格升降调整，留出空间。高价格容易吓跑一部分客户，中途调低价格又比较难处理。给项目制定各种打折幅度来应对市场波动，配合促销是让消费者最不敏感的方式。

③ 中定价、中折扣。是一种介于低定价低折扣和高定价高折扣之间的一种策略方式。其优缺点自然也介于这两种定价方式中间，不再详细展开。

3.5 房地产项目的形象定位

形象定位就是确定房地产项目在房地产市场中的位置、在消费者心目中的形象。将房地产项目的独特性、唯一性、差异性的价值点进行梳理、提炼，并赋予人文精神的内涵，引导消费者对房地产产品产生向往，激发消费者对生活环境、生活模式、生活品位的憧憬与追求。

进行房地产项目形象定位时，应以发展的眼光和战略性思路去思考，而非仅凭一时想法或市场暂时表现决定整个项目的市场形象。严格来说，找出项目不同于其他竞争项目的真实特质，必须要经历最关键的四步：做 3C 分析；提炼项目核心卖点；找准形象定位的切入点；对项目进行人文升华（图 3-10）。

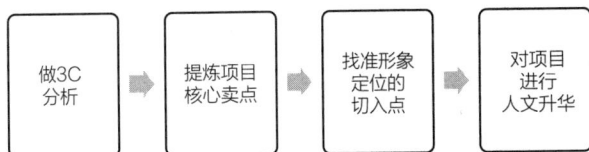

图 3-10　形象定位基本流程示意图

3.5.1 做 3C 分析

3C 分析法，又称 3C 战略三角模型，即对市场、项目本体和客户的分析，是房地产中最基础、最常用的一个理论模型（图 3-11）。进行 3C 分析能确定房地产项目的形象，形成明确清晰的定位，增加竞争优势，降低被市场淘汰的风险。

（1）市场分析

对房地产市场整体、竞争对手的房地产项目进行的市场分析，能为房地产项目的形象定位提供正确的方向与差异化的策略。

（2）项目本体分析

对项目本体进行分析能为形象定位提供卖点支撑，以最具竞争优势的形象进入市场。

（3）客户分析

对客户进行调研与分析，能有针对性地找准形象定位的切入点，精准而有力地直击客户痛点，解决客户的难题。

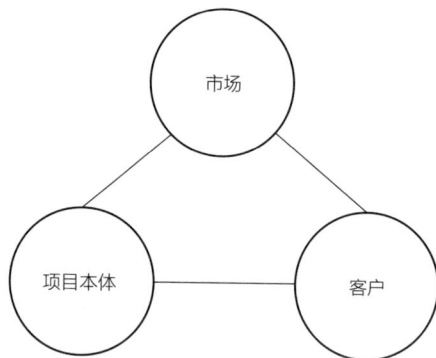

图 3-11 房地产 3C 分析法的分析模型

3.5.2 提炼项目核心卖点

提炼项目核心卖点是房地产项目营销过程中必不可少的步骤。消费者与房地产项目通过核心卖点产生共鸣，产品畅销才会成为可能。从一个房地产项目的可行性研究到交楼入住，对核心卖点的挖掘深化会贯穿始终。

提炼项目核心卖点是操盘过程中的关键一环。具体策略是根据项目产品优势，从开发理念、规划布局、建筑风格、景观特色、户型设计、智能化等具体方面来挖掘、提炼。可通过三个途径来明确。

（1）挖掘先天价值，提升后天附加卖点

要挖掘房地产项目的价值点，有两个步骤：①先思考项目的先天优势，如地段、配套设施、自然环境等可以超越竞争对手的核心优势；②后期人为附加的卖点，如规划理念、产品创新、园林景观、超前配置、文化内涵及营销手段等特色。力求从各角度挖掘项目特色与卖点，找到打动消费者的核心概念。项目卖点的构成元素，见表3-13。

表3-13 项目卖点的构成元素

核心卖点	卖点构成
区位价值	繁华路段、CBD 概念、CLD 概念、中心区概念、地铁概念、商圈概念、文化概念、教育概念等，以及由地段带来的交通卖点
自然景观	全海景、山景、河景、江景、自然湖景、人工湖景、公园、风景区等

核心卖点	卖点构成
建筑风格	德国风格、欧陆风格、法国风格、意大利风格、海派建筑风格、和式风格、新加坡风格、中式建筑等
园林主题	中心花园、主题园林、艺术园林、加拿大风情园林、亚热带园林、欧陆园林、江南园林、新加坡式园林、岭南园林、澳洲风情、海滨风情、热带园林、自然园林、珍贵树木等
生活方式	生活模式、新都市主义、度假式概念、LOFT概念、SOHO概念、生态概念、环保概念、绿色概念等
软性卖点	服务卖点、文化卖点、感恩卖点、情缘卖点、物业管理、口碑卖点、荣誉卖点、开发商品牌、知情权卖点等

（2）把握要点，放大最核心内容

经过挖掘与提炼，房地产项目会出现很多个卖点，如地段、交通、配套、文化、户型设计、当地市场的稀缺产品等。但是一个房地产项目，在选择核心卖点做形象定位时有三个原则：①分清主次，把握最主要的卖点；②放大最核心的卖点；③附属的、相对平凡或市场吸引力不强的卖点，可以作为辅助的、次要的卖点。

（3）将核心卖点提炼为鲜活可传播的概念

确定项目核心卖点后，把这一卖点进行最大程度的提炼与包装，使之成为房地产项目与众不同的鲜明特征，成为吸引客户眼球的鲜活亮点。这些卖点既是项目运作过程中的把控重点，也是后期项目销售中打动客户的重要卖点。因此，核心卖点的概念要具备两点：①鲜活可感，易于被大众记住和接受；②适合在当下主流传播平台传播。

3.5.3 找准形象定位的切入点

形象定位是一个房地产项目卖点的核心和浓缩，是项目营销整体策略的基准点。形象定位要建立在房地产项目的品质基础上。从很大程度上说，形象定位就是以房地产产品为本体，以人文为指导，是营销的灵魂。

房地产项目形象定位采用哪种方法来确定，要根据项目特点决定。以下是形象定位的八个切入点（图3-12）。

（1）用地段特征定位

地段特征是房地产项目最常用的形象定位切入点。例如：拥有或邻近山湖林海

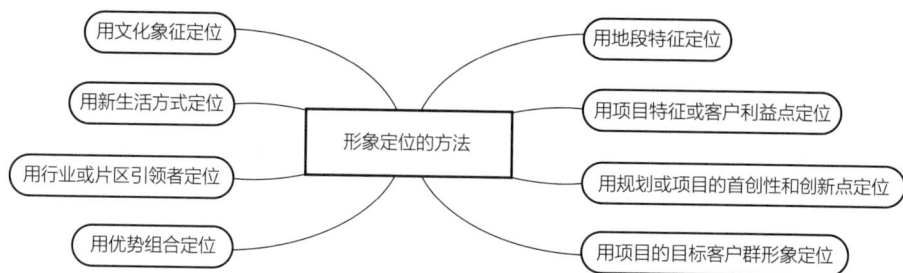

图 3-12 房地产项目形象定位的八个切入点

河等自然资源；位于或邻近城市中心；拥有或邻近地标建筑；位于有特定功能的片区；在城市或片区规划中属于城市或区域的地标。这些元素能突出和强化项目地段特征。

（2）用项目特征或客户利益点定位

根据项目特征或客户利益点定位，是较常用的形象定位切入点。直接以房地产项目最鲜明的特征或客户利益点定位，优点是简单明了，利于记忆；缺点是描述特征的语言缺乏诗意，只能发挥传递广告信息的功能。

运用这种定位方法，要明确项目特征是否具备公认的稀缺性和足够的震撼力、吸引力，否则难以承载塑造项目形象的功能。

（3）用规划或项目首创性和创新点定位

今天的房地产市场发展愈加成熟，竞争愈加激烈。从房地产项目的均好性方面看，各项目间很难拉开竞争差距。用产品创新提高性价比成为项目营销的重点，也是提升产品价值的重要做法。通过一个引领性或首创性形象定位吸引市场关注，提升项目形象成为有效的形象定位手段。如某别墅项目打造"单线性规划，双首层别墅"，就确定了创新别墅这个形象。

（4）用项目的目标客户群形象定位

将房地产项目与目标客户或某一类潜在客户联系起来，将名人或特定阶层与房地产项目连接起来，借其特征和形象提升项目形象影响力也是形象定位的重要方法。如某房地产项目的形象定位为"某山·城市别墅·CEO官邸"，在形象定位中，直接界定出目标客户为CEO群体，让本项目的目标客户群体特征和项目档次一目了然。

（5）用文化象征定位

在当前房地产项目形象定位中，常见且较容易的做法是移植、套用、打造各种有代表性的异域风情，作为形象定位的元素，如欧式风格、北美风格、地中海风情或是中式风情等。以文化统领，用文化象征给项目塑造差别化形象，或倡导一种全新的生活方式，以一种独特的难以替代的情调和价值，突出项目卖点。

（6）用新生活方式定位

房地产项目形象定位不仅需要精致的文案，诗化的意境还能营造一种高尚美好的生活方式，提升居住人群的人生境界，拨动客户的心弦。把房屋作为购买者对家的眷恋，对精神家园的皈依，对美好生活的追求，是用新生活方式进行项目定位的核心思想。

（7）用行业或片区引领者定位

如果房地产项目在规模、品质、开发时间等方面有第一、引领或综合优势领先的特质，可考虑以区域引领者为定位切入点，高调定位，一亮相就能引起市场的强烈关注。

（8）用优势组合定位

当房地产项目具有众多优势时，可以采用优势组合定位法，提取三个以内的强势卖点组合起来，反复宣传，使项目优势深入人心。使用优势组合定位法时，要注意两点：

①除非项目自身的多个优势非常明显，几个重要性无法取舍，否则优势太多不利于传播和记忆；②注意几个优势间的连贯性和统一性，如果广告文案语义相差太大，语义不和谐，组合起来也注定失败。

3.5.4 对项目进行人文升华

房地产项目的形象应体现人文关怀。在项目营销中，要嫁接项目所在地的人文历史和人文精神，传承当地的文化，从客户未来的生活环境、生活方式、文化氛围等多个方面打动客户，增强房地产项目的居住文化与人文艺术氛围。

如果区域或项目自身缺乏浓厚的文化底蕴，可以借助项目规划建设实现。实现思路有三个：

① 人文特色要与现代生活连接，能诠释当代价值观念；

② 赋予项目形象以现代人文精神；

③ 产品设计上能体现格调升华。

通过以上三点，把项目特色赋予项目本身，折射出现代的文化内涵，展现项目的人文内涵。

| 第4章 |
| 房地产项目的营销计划控制 |

好的房地产营销方案必须有科学的营销计划来保证。房地产项目营销计划是指导房地产项目各类营销活动的纲领性文件，是在项目营销总策略和营销推广策略指引下，为各营销阶段的策略组合提供的完整且有条理的书面文件。

房地产项目营销计划包括房地产企业各岗位所有管理人员工作的职能划分，每个管理人员都要参与制定或实施营销计划。参与程度因其所在管理层次与重要程度不同而不同。一份营销计划要实现的目标有四个：最少的营销费用、最准确的团队人员、最高的产品价格、最快的销售速度。

4.1　房地产项目营销计划的八大板块

房地产项目营销计划是基于公司战略意图而展开，未来要用其指导具体业务，非常注重项目与市场之间的关系。一份营销计划的格式各有不同，但内容都要必须阐明四件事：一年里要做哪几件事；由哪些人完成；采用哪些策略与手段完成；在什么阶段完成。

营销计划的八大板块主要包括：项目计划概要板块、市场分析板块、机会与问题分析板块、制定营销目标板块、制定营销策略板块、营销费用预算板块、营销计划执行方案板块和计划执行控制板块（图4-1）。

图 4-1 房地产项目营销计划的八大板块

4.1.1 项目计划概要板块

项目计划概要是对拟定的房地产营销计划做出简明扼要的综述，便于高级主管快速浏览，掌握计划的核心内容。项目计划概要板块的内容，见表4-1。

表4-1 项目计划概要板块的内容

主要内容	详情释义
楼盘营销目标	市场目标、销售目标、利润目标、竞争目标、进度目标等
主要营销策略	促销策略、价格策略、渠道策略等
财务指标	销售成本费用及其构成等
计划内容目录	本计划章节目录表

4.1.2 市场分析板块

任何计划开始前都要充分了解项目目前所处的市场环境状况和市场发展趋势对

企业未来的影响。再针对不同问题，从不同层面详细分析。分析要点包括：项目问题点、客户需求、竞争对手、价格因素和政府政策调整后所带来的变化和机会、开发企业自身情况、企业的强势与弱势等。

市场分析板块主要包括五项内容：市场环境、竞争环境、项目环境、宏观环境、其他环境等内容（图 4-2 ）。

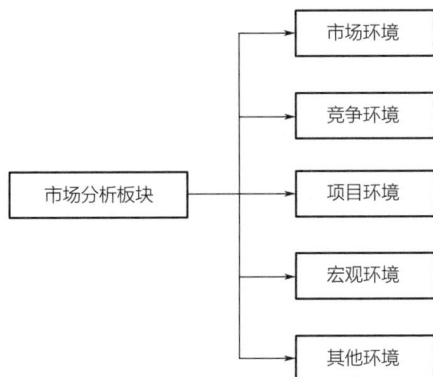

图 4-2 市场分析板块的五项内容

（1）市场环境

分析房地产项目面临的市场环境，包括市场规模与增长速度、同类项目的供求状况与销售业绩、目标客户群体的分布、消费水平、购房观念和购买行为。

（2）竞争环境

房地产项目的价值是建立在市场竞争之上的。提升竞争力要分析市场上的优秀产品，吸取对方优点。分析竞争项目要使用以下几类具体指标：产品特点与规模、销售目标、市场占有率、销售价格、营销战略、产品设计、价格策略、产品形象、产品诉求和产品传播等。

（3）项目环境

对房地产项目的有利及不利因素进行分析：①自然、地理、交通、基础设施等环境条件；②商业网点、娱乐设施、公共服务设施等配套环境条件。

（4）宏观环境

宏观环境的好坏对经济和产业都有重要影响。宏观环境是影响房地产未来发展趋势的社会因素。具体指标是：政治经济、社会、技术、环境、法律制度、人口数量、社会结构与阶层、经济政策、城市化程度、产业政策等。

（5）其他环境

与本房地产项目营销有关的其他影响因素。

4.1.3 机会与问题分析板块

分析房地产项目营销面临的主要机会与挑战、项目优劣势，整个营销期间可能面临的其他问题，对这些问题进行决策，从而确定随后的营销目标与营销策略。机会与问题分析板块的具体内容，见表4-2。

表4-2 房地产项目机会与问题分析板块的内容

分析项目	详情释义
机会与挑战分析	①房地产项目外部可能影响项目未来的因素； ②把各类问题分出轻重缓急，筛选重要的外部因素并特别关注； ③基于以上分析提出采取的行动建议
优势与劣势分析	①房地产项目内部条件研究； ②寻找可成功利用的优势因素、影响项目营销的劣势； ③确认在计划中必须注意的问题
问题分析	基于以上分析确定营销计划中必须要强调的主要问题，并进行分析

4.1.4 制定营销目标板块

营销计划的核心是营销目标。营销目标是指营销计划在一定期限内应达到的目标。通过检验营销目标，可以评判营销策略的好与坏。

4.1.4.1 营销目标的类别

每个项目都会基于管理模式或管理制度来确定自己的营销目标。每个项目的营销目标之间也会有差异，但可以借助四个维度来规划这些目标。

（1）时间范畴目标

时间范畴目标也叫时间维度目标。营销计划中的目标，可以按时间分配法把总目标按照可实现的时间长短，划分为三种：

① 长期战略目标，即需要较长时间才能达成的目标，如企业愿景和使命、不同阶段达到的目标、经营品牌等；

② 中线目标，即可以细分为2～5年能实现的目标；

③ 短期目标，一般是一年内要达到的目标等。

还有一种方式，是通过时间维度把目标分解为五类：年度目标、季度目标、月度目标、周目标、日目标等。营销团队日常所用的目标，是周目标分解，也是房地产项目目标管理最常用的管控节点。

（2）责任主体类目标

责任主体类目标也是团队维度的目标：公司总体目标、部门目标、区域目标、团队目标、个人目标等以责任人为执行主体的目标。

团队维度目标管理，一般指的是个人目标分解，一定要将实现月度目标的责任落实到个人，再由个人分解至周度目标。

（3）财务类目标

任何一个公司都会追求更大的利润，房地产企业也不例外。为寻求一个稳定的长期投资利润概率，企业会估算所开发项目的可得总利润及每年获得利润，并依此来构建各类财务目标。这些财务目标是用一系列收益和成本、利润指标来描述的。营销工作的开展都是围绕着房地产企业的财务目标，营销计划的最终目标也是要实现企业的各类财务目标。

（4）市场销售类目标

企业的财务目标最终要转化为市场营销目标才能被执行。市场营销目标是指：利润、销售额、商品销售率、成长率、销售增长率、销售排名、市场占有率等多种指标。它也是管理者及团队的重要考核目标。

4.1.4.2　制定营销目标的原则

制定营销目标要符合以下六个原则。

① 易于理解。制定的目标要具体化、不笼统，数量及分配合理，有利于管理和目标达成。

② 公平完整且可量化。根据项目实际客观情况、客户储备情况等各种客观因素制定目标，使目标能衡量，有信息资料或数据支撑。目标能真实反映销售的潜力，与目标相关的各种数据严谨清晰。

③ 可实现并有可控制性。营销目标能振奋人心，并具有挑战性，能根据市场变化随时调整，以保持士气。目标应便于检查执行情况，也能采取具体措施确保计划推进。

④ 灵活且紧密联系现实。营销目标能与实际工作密切结合。设定目标时分析实

际情况，及时调整急需改进、直接影响销售成果的因素。

⑤ 限时性。目标要有时间限制才有意义。设立目标要注明时间限制，保证可执行、可评估。

⑥ 一致性。设定的营销目标应与总体目标保持一致，区域目标、团队目标要服务和服从于整体营销目标。

4.1.5　制定营销策略板块

项目的营销策略是根据市场分析、机会与问题的分析，按营销目标实现要求而制定的营销策略。它是指导项目整体营销计划的精神纲领，是营销工作的方向与灵魂，更是项目操盘手需经常传递给销售人员的操作理念。

每一个营销目标都可以用若干种方法来实现。制定一项营销策略，往往有多种实现目标的手段，如要实现增加20%的销售额目标，方法可以有两种：①提高房屋平均售价；②增加房屋销售总量。

（1）营销策略的研究要点

制定营销策略，应着重研究构成营销策略的各个要点。营销策略中涉及很多要素，如实现形式、进度安排、详细安排，都应经过平衡与协调，形成一份具体可执行的营销方案。房地产营销策略的构成要点，见表4-3。

表4-3　房地产营销策略的构成要点

要点	详情释义
市场定位	销售与服务对象、项目建筑设计及装修标准、市场销售价格等
营销渠道	销售形式选择、代理商选择等
促销手段	广告、展销、人员推销手法选择及广告形式确定
竞争手段	价格、质量、环境、服务等各种竞争手段的选择
其他	付款方式、营销方式、保险、公证等影响消费者心理及促进销售的手段

（2）营销策略的重点类型

在制定营销策略的过程中，以下五种策略需要重点考虑（表4-4）。

表4-4　营销策略的重点类型

策略类型	详情释义
产品策略	根据每个区域的老品策略和新品策略确定
渠道策略	对渠道宽度、广度和深度的设计与规划

策略类型	详情释义
促销推广策略	根据每个区域的推销方案和定点爆破推广产品
品牌策略	基于整体市场广告投放、规划、评估手段及其他辅助工具推广品牌
服务策略	将服务和营销整合在一起,为消费者提供最大化价值

4.1.6　营销费用预算板块

一份营销计划落地,需要费用预算支持。费用预算一般是一份财务报表,以现金流量表的形式描述项目营销过程中的财务状况,包括各个销售阶段的费用计划及费用总计。

财务报表是交由房地产开发商主管部门审批营销计划的重要材料,被批准后的财务报表是项目营销方案实施中控制费用的依据。

4.1.7　营销计划执行方案板块

保证营销计划能实现的是执行。营销计划执行是将营销计划转化为工作结果的过程。影响营销计划执行的四种技能是:诊断执行技能、评定问题层面技能、评定实施技能和效果评价技能。

4.1.7.1　诊断执行技能

若营销计划执行结果不能达到预期目标,说明策略与执行间产生了问题,必须逐一分析,诊断其根源。

①楼盘销售量低的原因:是来电来访量少,还是现场成交率低?

②来电来访量少的原因:是推广力度不够,还是渠道开发力度不够?

③营销推广有问题:是营销推广策略制定得不合理,还是营销推广执行上有问题?

通过类似的层层分解,由找到目标到追查原因,由追查到主要原因到找到深层原因,从而构建出一个完整的问题诊断框架,使出现问题的环节一目了然。诊断出问题出现的原因,再采取相应的措施,最后针对每个问题确定不同的管理工具与不同的解决方法。

4.1.7.2 评定问题层面技能

营销计划出现执行问题，主要体现在三个层面上，每个层面都有对应的工作（表4-5）。

表4-5　营销计划出现问题的三个层面

具体层面	详情释义
功能层面	办理预售证、销售、交房等功能性工作。如有的房地产开发企业由于资金或土地产权问题，逾期办理预售证，则无法收取客户定金，甚至不能如期开盘
方案层面	把各种营销功能协调组织在一起，构成一个整体活动的执行文本。如一个成功的开盘活动方案，一次客户产品推介方案，一次城市级公共活动等
政策层面	营销推广的有效执行取决于营销政策的健全程度。营销政策对销售推广方案影响最大

4.1.7.3 评定实施技能

好的营销执行方案要在三个层次上体现出团队的专业运营能力。这些专业运营能力包括四类：人员配置能力、监控能力、组织能力和协调能力。

（1）人员配置能力

人员配置能力指项目营销负责人在营销功能、营销政策和营销方案这三个方面对时间、资金和人员的分配能力。一般情况下，具有专业能力的项目营销负责人，会根据不同的销售节点编制详细科学的工作计划表，通过合理安排时间和资源，保证人员到位，保证进度节奏，按时完成营销任务。

（2）监控能力

一个房地产项目的销售推广，会跨越多个运营周期。把控项目执行的过程和结果，需要建立和管理一套有效的监控系统，追踪和评估营销计划的执行效果。这是做营销执行必须配备的检测体系。

（3）组织能力

组织能力是指为实现项目营销目标，构建营销团队的关系架构，有了关系架构，才能进一步组建其他团队，进行职能划分，这是有效实施营销执行方案的先决条件。

（4）协调能力

营销人员不仅要有能力推动本组织的人员去推行执行计划，还必须对组织外的人或企业具备控制、激励和协调的能力，如广告代理商、销售代理商，哪怕这些企业和单位的目标与自己组织的目标不一致，也能找到协调合作的路径。

4.1.7.4 效果评价技能

在市场上取得良好绩效不一定证明营销执行做得好。也就是说，绩效无法成为评价营销策略执行效果的标尺。还需要设置一些能正面回答的问题，来评估营销执行效果是否有效（表4-6）。

表4-6 营销计划效果评估问题设置

问题类型	问题设置
营销管理	①项目有无明确的营销推广主题； ②项目是否有强有力的营销领导和优秀的企业文化
执行组织	①为完成营销活动和处理顾客关系，管理部门如何组建； ②项目是否有组织合理、便于内部沟通的组织架构
方案结构	①公司营销方案是否有整体性； ②公司营销方案的营销推广环节是否有集中针对目标顾客群的方式
组织协作	①公司营销管理部门与公司其他职能部门的分工与配合是否良好； ②顾客与销售人员的相互关系是否良好； ③销售部人员和策划部人员的配合是否良好
效果评估	①管理部门采用何种自我监控方法评估营销活动状况； ②管理部门采用何种方式了解顾客和潜在顾客的行为
资源分配	管理部门给各种营销工作分配的时间、资金和人员是否得当

4.1.8 计划执行控制板块

营销计划的最后一部分为执行控制，主要是控制整个计划的进程，强化计划实施的监控与检查，保证营销计划的有效执行。

计划执行控制板块可以按月度或季度列出两类事项：①项目营销方案进度安排；②各项工作及其成果。

有些计划控制还包括应急预案，简明扼要地列出可能发生的不利情况，采取相应措施。房地产营销控制是房地产营销管理的一个重要环节，有助于企业及早发现营销过程中存在的问题，以便及时采取措施，也对营销人员起监督和激励作用，确保房地产项目经营按计划规定的营销目标实施和运行。

4.2 房地产项目营销计划的控制方法

房地产营销目标的顺利实现，需要营销计划执行过程中的高质量控制。控制方法有：年度计划控制、盈利控制、效率控制等（图4-3）。

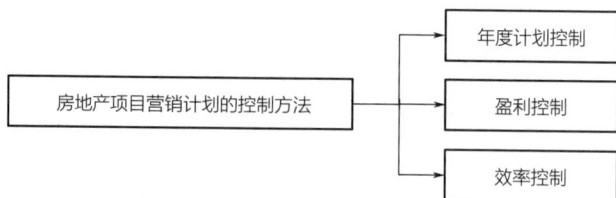

图4-3 房地产项目营销计划的控制方法

4.2.1 年度计划控制

年度计划是房地产企业运营中最主要的控制内容。主要工作是检查房地产营销活动的结果，分析评判是否达到年度计划要求，确保企业顺利实现年度计划销售额、利润指标和其他指标。

年度计划控制的核心是目标管理。控制方法主要有五种：销售额分析控制；营销费用/销售额比率分析控制；市场占有率分析控制；财务分析控制；顾客态度跟踪分析控制（图4-4）。

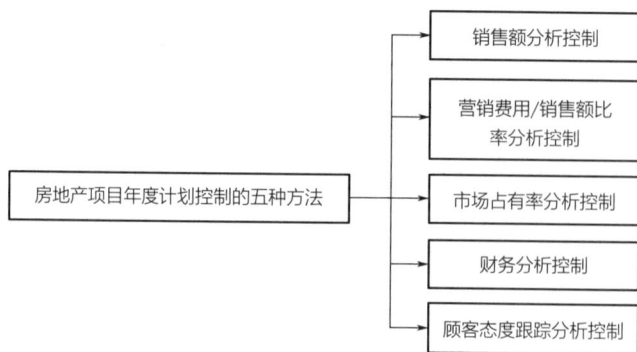

图4-4 房地产项目年度计划控制的五种方法

（1）销售额分析控制

房地产销售额分析主要用于衡量和评估销售额计划目标与实际销售额间的关系，分析未能实现预期销售额目标的原因。主要方法包括：总量差额分析和个别销售分析。着重于对个别产品或地区销售额未能达到预期份额的分析。

（2）营销费用/销售额比率分析控制

年度计划控制的目的之一是确保不会产生过多或超出预算的营销费用。关键一步是要对营销费用/销售额的比率进行分析。一般而言，营销费用包括五类：销售人员费用、广告费用、促销费用、市场调查费用、销售管理费用。

（3）市场占有率分析控制

一个项目的销售额，不能说明房地产项目的市场地位状况与竞争状况。因为导致销售额增减的因素有两个：①整个房地产市场环境的变化；②项目营销部门与竞争者都做出相应的改善或出现了不足。

一个项目的市场占有率，考量的是项目的竞争地位与盈利能力。一旦项目市场份额发生变动，可以通过两个途径分析市场份额变动产生的原因：①根据产品线、顾客类型和地区分类，分析市场份额变动的原因；②根据顾客渗透率、顾客忠诚度、顾客选择性和商品价格选择性等因素分析市场份额变动的原因。

（4）财务分析控制

对房地产项目的营销费用/销售额比率的分析通常会在一个总的财务框架中进行。营销人员应更多地运用财务分析手段去辨别影响项目利润率的各种因素，从而寻找盈利性策略。

（5）顾客态度跟踪分析控制

顾客态度能更直观地反映产品在销售和推广中出现的问题。房地产项目要通过建立稳定、可长期追踪的评价体系，全面了解客户对产品、服务等各方面的评价，寻找提高客户忠诚度和满意度的驱动因素，最终改进产品，提升客户体验，实现销售目标。

4.2.2 盈利控制

盈利能力是指企业或项目利用现有资源或资产获取利润的能力。有五个指标能反映项目盈利水平的高低、盈利的稳定性与持久性（表4-7）。

表4-7　盈利能力的五个考察指标

指标	详情释义
销售利润率	销售利润总额与销售收入净额的比值
总资产报酬率	息税前利润总额与平均资产总额的比值
资本收益率	指利润净额与实收资本的比值
资本保值增值率	指所有者权益的期末总额与期初总额的比值
资产管理效率	通过资金周转率和房地产产品周转率来分析。前者可衡量企业全部投资的利用效率，资产周转率高说明投资的利用效率高，后者指房地产经营成本与房地产平均余额之比

盈利控制是房地产项目营销计划控制的方法之一。盈利控制对年度计划控制的作用有两个。

① 通过盈利控制衡量不同的产品、不同销售区域、不同顾客群体、不同渠道以及不同促销规模的盈利能力，帮助决策者决定哪些营销活动应该扩大、收缩或放弃，其短期和长期的利润将达到什么水平，以便及时检查和调整营销组合。

② 控制项目成本大小。检查项目的成本费用是项目盈利计划控制的重要环节：分析哪些营销活动花费过多，哪些营销费用开支过大，从而找出成本上升的原因，提出降低成本的有效措施。

4.2.3　效率控制

美国著名的管理学家彼得·德鲁克说："效率是正确地做事情，效果则是做正确的事情。"效率通常是结果与努力的比率，是判断营销组织经营好坏的重要依据。一个有效的组织必须能随市场变化和技术革新不断地进行自我调整。

房地产营销计划的效率控制主要表现在以下三个方面（图4-5）。

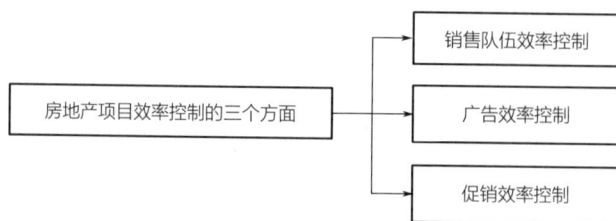

图4-5　房地产项目效率控制的三个方面

（1）销售队伍效率控制

房地产产品具有消费和投资的双重作用，其交易通常也是复杂且漫长的过程，不仅对销售人员的专业素质要求较高，对整个销售队伍的工作效率要求也非常高，必须采取有效的措施予以实现。销售队伍效率控制的内容如下：

① 单个销售人员平均每天进行销售访问的次数；

② 单个销售人员进行客户访问平均所需要的时间；

③ 单个销售人员进行客户访问产生的平均收入；

④ 单个销售人员进行客户访问所需的平均成本；

⑤ 单个销售人员进行客户访问产生的招待费用；

⑥ 每一期新增顾客数；

⑦ 每一期丧失顾客数；

⑧ 销售团队人力成本占总成本的百分比。

（2）广告效率控制

房地产项目广告效率的控制手段有很多，例如：做好形象定位；明确广告目标；预测广告信息；选择广告媒体；选择较好的媒体等。实现对广告效率的控制应注意以下几点：

① 控制每一种媒体类型、每一种媒介工具的广告成本；

② 统计注意到、看到、联想到和阅读印刷广告的人在其受众中所占的百分比；

③ 收集消费者对于广告内容的有效性意见；

④ 衡量投放广告前后消费者对于产品的态度；

⑤ 统计广告所激发的询问次数。

（3）促销效率控制

为提高销售促进的效率，还需进行促销效率控制，核心方式是使用各种有效手段促进销售。比如：①关注顾客的注意力、兴趣；②观察顾客咨询、看房、洽谈的方式、方法及其效果；③控制促销活动的成本；④提高促销活动对整个目标市场的影响。

为提高销售效率在实施销售策略的过程中注意记录每项销售成本和销售影响，以便更细致准确地分析销售手段是否合适。

4.3 房地产项目的营销预算控制

营销预算是指项目在执行营销战略时所需要的最适量的费用金额，也是指在营销环节、营销手段之间的费用分配方式。房地产项目营销预算是一种为实现预期营销目标，监控目标达成及费用支出情况的盈利性营销财务计划，主要作用是服务于营销计划预算编制与执行过程。

4.3.1　编制营销预算的原则

房地产项目的营销费用管控，主要是指管好项目营销过程中涉及的各类成本费用。精准预算管理的目标是：控制各项投资、固定资产、物流成本及人力成本等。营销预算管控除了控制总量，还要在预算制定前做足准备。

如何编制既有全局战略性规划又有局部针对性的营销预算，是房地产项目营销过程中的重要事项。编制营销预算前必须提前预知注意事项。编制营销预算的原则如下。

（1）全面预估原则

房地产项目的营销预算一旦确定，一般情况下只会减少不会增加。制定项目营销预算要做到全面预估，以保证费用预留合理：①明确估算执行各种营销战略中最适量的预算金额；②估算各个营销环节、各种营销手段的费用开支明细；③借助财务部对整体项目运营进行精确的成本和产出测算；④每项预算条目和大类都要相对宽裕以备意外费用产生。

（2）费用真实有效原则

不同的房地产项目，初步的预算不同，不同类目支出的比例也不同，各类单项营销费用金额也不同。决策者编制营销预算，要考虑各种可能情形，尽最大可能罗列各类费用明细，才能保证预算做得真实有效，预见性强。

（3）以项目为基础原则

预算要以项目为基础，编制营销预算有三个要遵循的要点：①以项目市场需求、市场推广、促销手段和程度为导向，保证营销预算审批能通过；②编制营销预算方案要建立在项目数据分析的基础上；③预算方案要结合行业信息做必要修正，以保证预算数据的相对准确性。

（4）目标一致性原则

营销预算编制以总销售目标为基础。在编制预算时，每个部门和岗位有不同的费用使用原则，但需要用项目总目标来统一分歧。通过预算管理，促进各项目标的实现，保证各项目标的不断优化。

（5）上下结合原则

制定营销预算时，企业高管、产品、销售、渠道、财务部之间都要一起做深入沟通，从品牌战略到商机跟进流程，都需要全面讨论，也需要根据业务节奏，把费用细分到每个季度。

制定营销预算规划是一个系统性工程，需要上下结合、内外互动，反复计算，能触及项目营销的各个环节，能使决策者全盘考虑整个价值链间的关系，也能验证营销预算的可行性与科学性。

（6）不调整原则

坚持一般情况不予以调整的原则。项目整体营销预算经确定后，除非因突发性事件和政策性因素而增加必不可少的支出，其他营销支出项目一般不予追加，一律在编制下年度营销预算时考虑。

4.3.2　编制营销预算的方法

一般而言，编制一份营销预算方案有三个步骤：

① 营销部负责制定项目年度营销方案；

② 根据项目年度营销方案确定项目年度营销各类费用金额；

③ 出具项目年度营销费用预算明细表，经审核后报备财务部。

编制营销预算有三种方法：零基预算、滚动预算和销售额百分比（图4-6）。

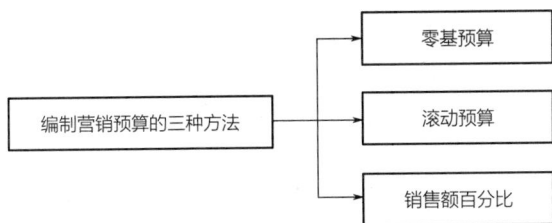

图 4-6　编制营销预算的三种方法

（1）零基预算

零基预算编制方法是指不考虑基期的费用开支，从实际需要与可能性出发，逐项审核，从而确定预算数额。这种方法可以合理有效地进行项目资源配置，不过编制预算工作量大、费用高，资源分配也有一定的主观性。

（2）滚动预算

滚动预算编制方法是指根据上一个月的经营成果，结合当下的市场情况，对剩余的十一个月加以修订，并把费用预算自动推后一个月。这种方法可以让项目从动态的预算中把握未来，并根据前期的执行效果及时修订，调整营销预算，使决策者对未来做周密考虑，当然也存在一定的不足，如工作量太大、成本高。

（3）销售额百分比

销售额百分比预算编制方法是指以上年度产品销售为基础，按趋势来预测下年度的销售，再以一定的比例计算出费用总额。这种方法的确定基础比较实际且客观，一般不会出现过大失误，适合房地产企业的发展需求。

4.3.3　营销预算的编制流程

项目营销预算没有固定标准模板，也没有既定标准，只有预算编制方法和原则是否适合项目之说。

好的营销预算具备清晰的目标并有针对性的操作方案，为所有参与营销的各个部门提供必要的指导。编制营销预算要遵循一定的编制流程（图4-7）。

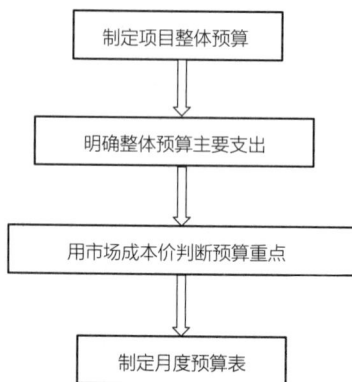

图 4-7　编制营销预算的基本流程

（1）制定项目整体预算

一份房地产项目的营销预算是立足总体营销计划，结合企业经营情况和当前的市场环境，确定整体营销费用额度后最终形成。

在整体预算中，不同类目比例有不同差异，对于人工成本、代理成本、广告月费、售楼中心的装修成本及日常开销、物业服务成本等各种因素，需要一一区分清楚。

（2）明确整体预算主要支出

确定项目整体预算后，下一步是明确项目主要支出，再计算项目营销费用铺排。操作时，可遵循先固定再灵活的原则，即将固定开支和大额费用进行额度预留，主要包含以下六项内容：

①案场物业服务、广告公司等年度类费用；

②营销人员工资及佣金，五险一金费用（按税前工资的40%左右预留）；

③展示区费用；

④项目固定资产、水电费及行政开支；

⑤平台分摊费用（如平台人员薪酬、品牌费、客研费用等）；

⑥其他如发布会、工地围挡包装等大额费用。

录入以上固定开支和大额费用后，剩余营销费用额度是真正能够用到项目中的营销推广费，根据项目销售阶段及目标任务做下一步预算铺排。

对于首次开盘的新房地产项目，预算额度应比正常预估值要多预留20%～30%作为备用金。项目进入预热期后，若蓄客不足，可以临时加大推广力度进行最后冲刺，项目销售的后续也需要合理安排费用，以保持年度内营收平衡。

（3）用市场成本判断预算重点

项目的营销负责人或主管要对项目营销中每个支出项的市场成本价有熟练准确的判断，所有预算要经过和市场成本价做过比对后才能确定。要保证项目的营销预算做得准确真实，不会给未来的运营带来费用不够的隐患。

（4）制定月度预算表

一份营销预算方案，需要按月分解，逐项执行。编制营销预算方案，根据房地产项目推广周期计划，先按月度计划好预算支出，最后制定整个项目的营销预算费用表。

4.3.4 营销预算控制管理

拟定营销目标、编制营销预算只是项目预算的起点。营销预算控制更重要的是项目营销预算的后期执行和过程控制，过程控制是实现项目年度目标的有力保障。

营销预算执行过程中，有两大问题需着重注意：①企业面对的市场环境。经济形势不好时，营销预算要及时调整。②可能出现的市场结果。要不断模拟市场和项目可能出现的结果，模拟结果一般有三种情况：最优、正常和最差。营销预算要对这三种结果有所准备，预算管理才会具体明确。

项目营销预算应严格控制，以更有弹性的方式面对市场动态变化及企业运营变化。

4.3.4.1 营销预算的控制标准

营销预算控制管理需规范化，具体有以下三个要求（图4-8）。

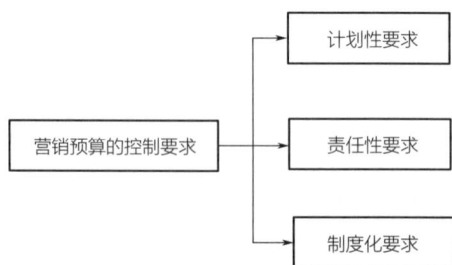

图4-8 营销预算的控制要求

（1）计划性要求

房地产项目的任何营销活动都必须有完整的费用投入计划和预算安排，以此实现前瞻控制。编制预算时应对营销费用的科目细类有明确的规定，精确细化每个项目，对营销费用中的广告费、媒体费、人工费、物料费、销售服务费等予以合理分配，用严谨科学的分析，提前确定费用控制目标，避免随意支付而导致预算费用失控。

（2）责任性要求

营销执行中，每一个要点的缺失都将使预算规划出现意外。因此，营销预算管理要做到：①要有具体的费用控制计划；②应落实预算定额责任，超定额支出且不能为客户增加附加价值的，则由具体责任人承担补偿责任。

（3）制度化要求

营销预算方案有两个要求：实现计划性和责任性。基于这两个要求的预算管理有四个要点：①建立相应的具体组织和完备的绩效考核方案，将营销预算制度化；②有完整的营销费用投入计划、预算、审查和核算制度，以控制超计划定额和投入预算的费用支出；③有完善的责任管理制度，保证营销费用的每一细目都有责任人；④有健全的责任落实激励兑现制度，使每个营销人员都重视营销费用节省。

4.3.4.2 营销预算控制——过程管控

房地产项目营销费用纷繁复杂，浩如烟海，投入产出比的弹性和复杂性很大，控制难度比较大，投入额度和成效偏之毫厘，差之千里。房地产行业营销预算控制必须摒弃粗放管理方式，实施精细化控制，才能起到保证实现项目的利润目标。

过程管控是执行营销预算、控制营销成本的重要环节，主要指五个方面的管理细则：

① 相关负责人严格过程管控，认真审查各项支出中的每一笔开支；

② 开支是否遵从营销预算原则与规定；

③ 营销预算出现偏差要及时分析，即刻调整修正，严禁低性价比的投入和支出；

④ 关注过程管控及后续评估，跟踪项目营销实施过程，对照计划和预算进行调控，保证营销活动投入控制在预算范围内；

⑤ 预算过程管控存在的问题和错误，要及时改善，形成完善的费用预算管理体系，提高费用预算的准确性。

营销预算过程管控的具体方法有三种（图4-9）。

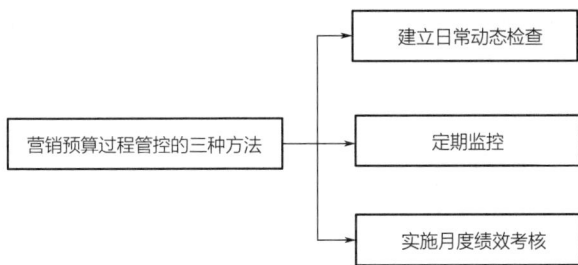

图 4-9 营销预算过程管控的三种方法

（1）建立日常动态检查

建立项目营销各环节的日常动态检查，通过流程核定日常营销活动投入费用的标准，以此实施费用投入和营销效果的双向目标控制。

（2）定期监控

营销预算控制要定期对项目营销各环节进行数据收集与分析，对其进行定期监控，即对超出预算的费用和合理费用一一审查，严格把关，分析预算执行偏差，及时反馈，便于决策者掌握营销动态。

（3）实施月度绩效考核

营销预算过程管控最有效的办法之一是实施月度绩效考核。目的是每月进行复盘，随时调整费用使用计划，降低支出可能超出预算的风险。方法是把全年预算按实际需求，以一定百分比分摊到每一个月里，再对照项目预算计划和预算费用，确定费用使用标准和奖惩办法，以构建营销费用控制激励机制。

4.3.4.3　营销预算控制——结果评价

营销预算控制管理中的难点是要把所有投入集中在成果上，所有投入要考虑进各项项目成本中。结果评价意味着营销预算管理是将项目财务报告与日常经营活动相结合，对各类营销措施的效果进行评价。根据费用投放与实际产出计算费效比，以此判定营销措施是否有效、投入是否合理。

（1）评价费率/费效比

费率/费效比是房地产企业关于项目营销费用的常用考核指标，需要按月度对费用使用情况进行评估，结合销售进度、任务完成进度综合评判各项营销费用是否使用合理且有效，及时停止无效或低效投放，聚焦费销合理的通路以进一步提高转化。

（2）定期回顾费用

营销费用管理需要管理者定期回顾和分析本期的营销费用使用情况，时时掌控营销费用使用明细，做到心中有数。根据当前项目和市场情况，对下一步营销费用进行更科学合理的铺排。

第 5 章

房地产项目的营销推广管理

5.1 房地产项目营销推广的部署

营销推广是房地产项目运作的重要组成部分，是根据市场竞争环境分析和项目自身优劣势分析，制定有效的市场推广计划并实施的环节。

房地产项目营销推广，是从整体布局开始造势，通过有效营销，向目标客户群宣传项目特点与优势，让客户了解认可项目，激发购买行为。

5.1.1 房地产项目营销推广的目的

房地产项目营销推广是以项目主体形象、倡导的生活方式、核心产品三个元素为推广主线，将地段和品牌贯穿其中，充分展现项目独有特点和卖点，以争取房地产市场最大的目标份额。

营销推广是房地产开发项目运作的重要组成部分，直接决定整个房地产开发项目的成败。从本质上来说，房地产营销推广实质上就是两个主题的推广。

① 文化推广。文化推广的核心要素是企业价值观。房地产企业在市场上有一定知名度时，其项目营销推广比拼的是价值观输出，这是房地产企业和项目的灵魂，是营销手法及主题延展的主体思想。

② 品牌推广。一个房地产项目是企业重要的品牌形象，是口碑营销的重要基

础。推广项目，本质上就是在推广企业品牌。

常用的营销推广方式有两类：广告推广、活动推广。

5.1.2 房地产项目营销推广的类型

房地产产品具有不可移动性，无法主动接近目标消费群体来展示实物产品，只能通过广告宣传吸引客户上门，客户上门数量直接决定房地产项目的销售业绩。在项目推广的初期，对打开市场起着关键作用。

（1）广告推广

广告推广是房地产项目营销推广的重要方式，指的是通过传统媒体、新媒体、户外媒体等各类广告媒体，宣传房地产项目的核心价值，促成项目销售，完成各销售阶段的目标。

根据不同广告的不同目的，房地产项目的广告推广大致可分为四种类型（表5-1）。

表5-1　房地产项目广告推广的类型

类型	详情释义
促销广告	广告传达项目楼盘的核心信息，吸引客户前来购买
形象广告	树立开发商、楼盘品牌形象，给目标人群留下长久深刻的印象
观念广告	以倡导全新生活方式和居住理念为广告目的
公关广告	多以软性广告形式出现，如入伙、联谊通知、贺辞、答谢辞等

（2）活动推广

活动推广比广告推广更能快速聚集人气，拉进与客户间的距离，进而扩大房地产项目的影响力，在房地产项目营销推广中活动推广不可缺少，类型也较多（表5-2）。

表5-2　房地产项目活动推广的类型

类型	详情释义
事件活动	以某一公众事件为载体，将房地产项目信息嫁接到有名人效应、新闻价值或社会影响的人或事件中，实现项目高曝光度
主题展会	如房展会、展销会、住交会、房地产节等楼盘展会，通过参展展示企业和项目形象以进行推广

续表

类型	详情释义
文娱表演	举办文化艺术表演类活动,为目标人群或业主提供娱乐文化活动,吸引新客户群
比赛评选	①举办绘画、征文、书法等赛事; ②举办征名、商业比赛、形象代言人评选等活动,增加目标客户群与项目的互动
研讨会	邀请领域内专家、知名人士举办如城市发展规划、未来生态、健康生活、家庭教育、社区文化、生活方式等有关注度的话题活动,通过活动和专家影响力引起公众共鸣,引导公众关注本项目

5.1.3　房地产项目的分期推广

每个楼盘的销售管理都划分为五个阶段:预热蓄客期、开盘销售期、强势销售期、持续销售期和尾盘销售期。每个阶段的项目情况及目标任务均不同,房地产项目推广据此划分出不同阶段,逐一执行(表5-3)。

表5-3　房地产项目不同阶段的营销推广策略

推广阶段划分	各阶段推广重点
预热蓄客期	初步建立品牌形象,扩大项目知名度
开盘销售期	告知大众,项目开盘入市的信息
强势销售期	针对受众,全面凸显项目卖点和优势
持续销售期	维系企业和项目的老客户,用"以老带新"的方式转化客户
尾盘销售期	盘点分析项目整体销售状况,针对尾盘做促销等

(1)预热蓄客期

一个房地产项目开盘,到场客户人数及现场良好氛围是成交的基础。开盘销售要在一定的客户成交量或准成交基础上进行。开盘到场客户的多寡,主要来自预热蓄客期的推广效果。

预热蓄客期推广也称作品牌导入期。这个时期的营销推广工作目标是对外界建立项目品牌的初期形象,让大众了解到项目的存在并迅速传播,吸引客户关注并截流区域内其他项目的客户。

预热蓄客期项目的特点是:①项目刚开始施工;②现场不具备广告展示条件;③销售工作处于初期准备阶段。

因此，在预热蓄客期实际操作过程中，要从企业品牌宣传过渡到项目品牌宣传，再逐步过渡到项目形象上。手段应选择传播面较广的媒介，如微博、微信公众号、视频号、户外广告、地铁广告、公交车广告、互联网直播平台等媒介，将新项目相关信息传播出去。

（2）开盘销售期

房地产项目开盘是对市场定位和营销推广的集中检验，是建立项目品牌和树立市场信心的关键环节。这个阶段能借助开盘制定项目市场价格，建立项目市场价格体系，对前期策略做出供需关系调节。

房地产项目开盘销售期需要迅速与目标客户达成共识，激起购买欲望，通过与目标客户不间断的沟通，储备意向客户，为快速开盘做足准备。

开盘销售期的推广非常讲究节奏：①逐步展开项目的核心价值演绎；②让大众获取更多项目开盘入市的信息；③加大推广力度，进行连续的、立体式的媒体投放，辅以系列营销活动，以强势姿态亮相，在目标客户群体心中形成稳定而清晰的概念，让项目在市场上脱颖而出。

（3）强势销售期

强势销售期一般是指项目刚面市，房源充足的热销热推期。这期间的营销状况是：①客户量较大；②房地产楼盘需从主次概念、核心产品、促销方式、物业服务等多层面挖掘和传递项目价值，不断加深客户印象；③营销推广策略需全面凸显项目优势，如户型设计、园林景观、配套等方面，加深客户对项目的了解并产生信赖；④这个阶段适合的营销推广方式是广播电视、纸媒体、网络、直播、展会、产品推介会、热点营销等。

（4）持续销售期

项目强势销售期过后，会长时间处于销售中盘阶段。新增客户量维持在一个相对平衡的数量曲线上。这个阶段的营销推广工作有三个要点。①增加实体展示。项目工程主体已经完工或进入装修阶段，楼盘规模和形象初显，实体建筑产品可以向客户展示。②减少媒体推广。营销推广投入相对减少，主要保留报纸广告、广播电视、圈层营销、"老客户带新客户"活动等客户维护类推广。③保持市场地位。媒体广告宣传保持不间断，让目标客户群体深刻感受项目魅力，维持项目市场内固有地位不下降。

持续销售期的营销推广要点有两个：①根据市场推广效果和成交客户数据，及时调整推广方向和渠道，适当扩大推广范围；②借助前期销售积累的客户数据，明确目标客户群体和范围，多频次展开小型针对性强的营销活动，辅以有激发性的优惠政策或老带新奖励政策，拓展新客户，促成成交。

（5）尾盘销售期

房地产项目尾盘期的产品特点是：①优质户型和热点楼层基本售空；②项目所剩房源不多，多为性价比较低的尾盘户型。

这个阶段为了最大化实现项目销售利润，往往用剩余房源作优惠促销，通过投入适量广告，凸显项目优惠信息。

营销推广可以借助项目实体景观做文章：①通过实景体验营销再带动新一轮销售；②加大项目现房的优惠促销信息宣传；③把交房信息、销售动态信息、未来升值空间、物业管理优势等核心信息，告知目标客户。

5.1.4 控制推广费用预算的方法

推广费用预算是房地产项目营销推广策略中的重要内容，指的是房地产项目投入营销推广的费用计划，规定的是营销计划内营销推广活动所需的费用总额及使用范围。

项目营销推广预算，能有效控制推广、宣传中产生的费用，合理分配预算推广费用和资源。

5.1.4.1 营销推广预算的构成

房地产营销推广预算具体由广告推广、活动推广、现场包装和推广物料制作等预算费用构成（图5-1）。

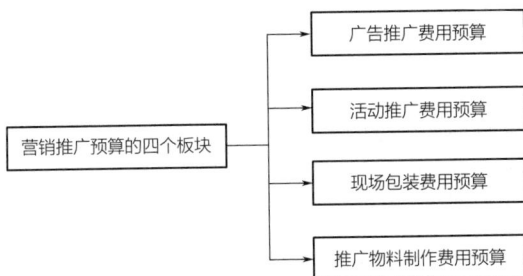

图5-1 房地产项目营销推广预算的四个板块

（1）广告推广费用预算

广告推广费用主要指用于市场宣传而投入的广告费用，如购买公交车车体广告、地铁广告、朋友圈广告、户外灯箱广告等各类媒体广告版面的费用。

（2）活动推广费用预算

活动推广费用主要指项目用于宣传产品形象、提高企业及楼盘美誉度与知名度所需的活动费用。主要包括房地产企业品牌宣传、项目推介会、内部认购会、开盘典礼、样板房开放活动、各种节日促销活动等的费用开支。

（3）现场包装费用预算

项目楼盘现场包装是与广告推广、活动推广的呼应与配合，以实现项目最大限度的推广宣传，保证销售目标实现。营销中心（售楼处）和样板房包装是现场包装两个比较重要的部分。营销中心的包装费用主要包括：装修成本、装饰品、家具电器以及标志墙的配置费用（表5-4）。样板房包装费用主要包括装修成本、家居用品、装饰用品等（表5-5）。

表5-4　营销中心包装费用预算表

费用类型	具体内涵	工程费用/元	工程量	总费用/元
装修成本	售楼处内外的装修			
装饰品	摆设、室内造型等			
家具电器	电话、电脑、音箱、电视、桌椅、沙发、茶几等			
标志墙	企业品牌或项目标志			

表5-5　样板房包装费用预算表

费用类型	具体内涵	工程费用/元	工程量	总费用/元
装修成本	室内样板景观设置			
家居用品	家具、电器、灯饰等			
装饰用品	包括摆设、室内造型等			

（4）推广物料制作费用预算

推广物料制作费用主要包括印刷、制版、录影、摄像、广告礼品等物料的费用（表5-6）。

表5-6　推广物料制作费用预算表

物料类型	数量	制作单价	合计/元
沙盘			

物料类型	数量	制作单价	合计/元
模型			
展板			
楼书			
海报			
户型单页			
易拉宝			
手提袋			
水杯			
饮水机			
其他			

综合上述，一个项目的广告推广、活动推广、现场包装和推广物料制作等费用合并起来，就是项目的总推广支出预算费用。

5.1.4.2 营销推广预算的制定方法

企业的费用预算是一种财富管理工具，也是一种授权管理方式。任何费用预算，都无法保证是一成不变的。一个项目为了控制预算，控制费用额度，应该采取"自上而下"和"自下而上"相结合的管理方式。既要根据目标和活动选择一种或多种决定预算水平的方法，分配各项营销推广费用，还要通过数据系统，掌握下属部门的营销推广执行和费用使用情况，从而提高推广预算费用的使用质量和效率。

常用的营销推广预算制定方法有四种：量入为出法、销售百分比法、竞争对比法和目标任务法（图5-2）。

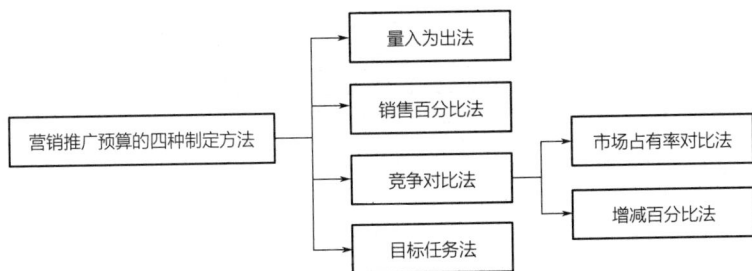

图 5-2 房地产项目营销推广预算的四种制定方法

（1）量入为出法

量入为出法是根据房地产企业的财务状况来决定推广费用开支，操作起来简便易行。做推广预算时，不仅要考虑企业能花多少钱做推广，还要考虑需要花多少钱做推广，才能完成既定销售目标。因此，这种方法存在一定片面性。

（2）销售百分比法

销售百分比法是房地产企业根据目前或预测销售额的百分比来计算和决定推广费用开支，操作起来简单方便，容易计算，有利于保持市场竞争的相对稳定。用这种方法确定推广预算，会导致推广预算随销售额波动而有所增减，与推广长期方案产生抵触。

（3）竞争对比法

竞争对比法是根据竞争对手的推广开支决定企业项目推广费用支出，是房地产企业常使用的方法，主要有以下两种计算方式：

①市场占有率对比法。计算公式为：

推广预算＝竞争者推广费/（竞争者市场占有率 × 本企业预期市场占有率）

②增减百分比法。计算公式为：

推广预算＝竞争者上年度推广费 ×（1+竞争者推广费增长率）

在房地产企业间势均力敌、推广竞争激烈的情况下，采用竞争对比法能有效保持本企业的市场地位。当然，由于难以获悉竞争对手关于推广预算的可靠消息，可能导致推广预算的依据不合理。另一方面，各企业的资源、机会与目标和竞争对手不一定相同，如果完全以竞争对手的推广费为基础，来确定本企业的推广预算不一定科学。

（4）目标任务法

目标任务法是根据推广目标确定推广费用开支，要求房地产企业先确定其推广目标，再根据要完成的推广目标决定必须执行的推广任务，依此估算每项推广任务所需的费用支出（图5-3）。

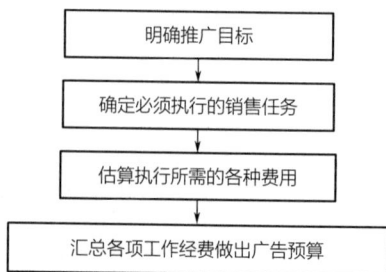

图5-3 目标任务法确定推广预算的流程示意图

使用这种方法有三点要注意：

① 将推广预算和推广需求密切结合起来，根据房地产市场的灵活变化决定推广预算费用；

② 从本阶段项目特征出发，斟酌营销计划中某项推广目标是否值得运作；

③ 仔细进行边际成本与边际收益分析。

5.2 房地产项目的营销广告管理

销售作为"不动产"的房地产，广告是最重要的市场推广工具，更是企业塑造品牌形象，实现销售的重要手段。好的广告管理既能实现市场宣传，赢得商业机会和声誉，还能避免企业陷入负面纠纷和经济损失。

各色各样的户外媒体、印刷媒体、报纸杂志、广播电视、网络、视频等多元媒体，在信息传播的功能上各有所长，它们在广告活动中起的作用也不一样。

如何更好地发挥媒体效率，投入有限的广告经费获得最大的经济效益，就应该做到非常了解不同类型媒体的特质，在广告推广中，科学合理地筛选、组合，取长补短，以优补拙。

常用广告媒体一般为户外媒体、印刷媒体、报刊媒体、视频媒体四大块。其中，户外媒体因为位置固定，比较偏重于吸引楼盘周围的区域性客源；印刷媒体可以定向派发，针对性和灵活性都较强；报刊媒体和视频媒体覆盖面广，吸引的客源层多。

5.2.1 房地产营销广告的媒介类型

广告推广是指通过各类广告媒介向目标客户传递项目核心价值和卖点。当今时代，传统媒体不断发展更新，科技发展催生出不同的新广告媒体。房地产项目常使用的传播方式就是各种销售通路及七类主要媒体：大众媒体、分众媒体、互联网媒体、房地产售点媒体、直邮类媒体、社交类媒体及其他媒体。

5.2.1.1 销售渠道

利用广告传播，首先要选择好广告推广的渠道，大的分类可以是：商场超市、大型社区、网络、各类合作企业、客户圈层、渠道分销。结合项目实际情况，选择合适的渠道，根据不同渠道的系统来执行。

对于线下销售渠道，人流量大且分散的地方，更需要周密的营销安排，如：

①企业拓展，组织企业员工优惠看房团，大客户拜访拓展，联谊活动植入；

②社区拓展，海报宣传、活动植入、社区传单、楼宇广告；

③商场超市，设置看房专车出发点、参与商场超市营销节点活动。

5.2.1.2 大众媒体

大众媒体是指针对全部人群有广泛社会影响力和较高阅读率的媒体。这类媒体的传播渠道广泛，受众人群涵盖面广。典型代表是：报纸、电视、电影、杂志、广播。

（1）报纸

报纸是楼盘销售广告中最主要、最简洁的媒体，具有发行量大、覆盖地域广，送达快，发行量稳定等特点，尤其对二线及三线城市，其市场影响渗透率相对较高。如今，互联网类新媒体崛起，分流了报纸媒体的受众。对报纸媒体的广告投放，还需要做精细分析。

（2）电视

①电视广告形象生动，听觉和视觉的冲击力强，使楼盘形象瞬间被受众接受。

②电视媒体适合传播实体建筑还没有完成的预售楼盘项目。

③新闻、专题节目、综艺节目、连续剧等节目的关注度相对较高。

④针对特定消费者群体，比如老人群体的楼盘广告，效果比较好。

⑤电视广告时间短，内容多，影响受众对广告信息的记忆。

⑥电视广告需要较高成本才能达到理想的广告覆盖率，且不容易实现人群特征统计。

（3）电影

①电影银幕面积大、声音效果好、不受时间限制，信息密集，诉求重点明确，传递广告信息有一定优势。

②观众接受广告信息时环境较舒适，注意力较集中，存在较少排斥心理，广告效果相对较好。

③相比其他媒体，电影广告影响力相对不高，投放电影广告需要精确核算。

（4）杂志

①杂志的专业性较强，特定读者阶层稳定。

②杂志的印刷水平比较高，制作精美，给人的视觉冲击力较强，能充分体现明确而感性的诉求。

③ 杂志的反复阅读率较高，有效期长。

④ 杂志的缺点是发行范围较窄，传播速度和时效偏低，传达房地产项目信息存在一定滞后性，但仍是很多项目选择的媒体。

（5）广播

广播虽然是传统媒体，但是并没有淡出媒介市场。相反，随着城乡有车族群体急剧增加，广播的广告优势仍然非常强大，是房地产信息传播和获取的重要渠道之一。

广播广告的优点具体来说有四个：①迅速、及时，不受时空的限制；②拥有很高的灵活度，广告内容可以修改；③广播听众广泛稳定，针对性强，地区特定、时段特定，特别专题节目的广告效果很高；④广播广告制作简单，费用低廉。

5.2.1.3 分众媒体

大众媒体覆盖广泛，使其无法直接面对细分化的消费者，广告效果大打折扣。为更好地针对特定的目标客群，精准深入地发布广告信息，房地产项目还要考虑分众媒体投放。

常用的分众媒体可分为：户外广告、交通广告、社区广告。

（1）户外广告

户外广告是房地产项目最常见的形象推广手段。通常选择在街道、广场等人流量比较集中的室外公共场所和固定地点，以长期展示项目楼盘的形象与信息，吸引大众的注意力。

户外广告主要包括：

① 路牌及公路广告、高立柱广告牌、建筑物外墙广告牌；

② 公路跨线桥广告；

③ 市区商圈楼顶广告；

④ 霓虹灯、气球；

⑤ 市区LED电子屏等媒体广告。

户外广告优缺点分明。缺点是宣传区域小，费用相对昂贵，成本较高，受众群体比较大众化，很难筛选出具体的目标受众对象。优点是主旨较鲜明，形象突出，引人注目。广告传播不受时间限制，随时随地发挥作用，能被过往行人反复关注，达到印象积累的效果。

（2）交通广告

城市人口正在不断增加，交通站点和各类公共交通工具成为人流大量聚集的重要场所。在交通站点、公交车、地铁、航空、船舶等流动的交通工具及其周围场所投放的广告，就是交通广告。

交通广告常见的投放类型有三种：

① 设置于公共汽车站、电车站及地铁站等公共场所的固定型交通广告，如交通广告牌、车站内的广告牌、广告宣传画；

② 以车辆作为载体的流动型交通广告，如各类公共汽车车身广告；

③ 安置于公共交通工具内部的交通广告，如视频广告、语音播报广告等。

交通广告有自身的优缺点，优点是价格较低廉，传播效果较好，对企业来说是性价比非常高的广告投放方式；缺点是广告人群无法精确划分，无法针对人们的年龄和偏好等精准投放。广告投放前，需要根据车辆线路分析人群特征，做好"人群针对方案"。

（3）社区广告

社区广告是在有一定人群居住率的社区内的楼宇、电梯内张贴的广告。

5.2.1.4　互联网媒体

互联网媒体，简单来说就是借助互联网进行传播的媒体，它和传统媒体的区别在于媒介。传统媒体是通过报纸、杂志等媒介进行传播，互联网媒体则是利用互联网进行传播，如借助计算机网络、无线通信网、卫星等，使用电脑、数字电视、电话等终端媒介，为用户提供信息和服务。

今天的互联网传媒也在逐步发生变化，用户更加青睐把文字、图片、音频、视频融合在一起的信息内容。也就是说，互联网工具化的特性逐渐弱化，知识提升、互动娱乐的精神诉求和获取信息的刚性需求正在凸显。

适合房地产项目使用的各类互联网媒体主要有以下十类。

①门户网站。很多门户网站设置有查询房地产楼盘信息的频道。

②搜索引擎类网站。专门或者主要从事对从互联网上采集的信息进行组织和处理后，为用户提供检索服务，并将检索到的相关信息展示给用户的平台。

③新闻平台类。专门或者主要从事新闻采集、制作、发布、经营等的平台。

④虚拟社区、社交平台。微博粉丝通、粉丝头条、贴吧、豆瓣等。

⑤即时社交通信类。如微信。

⑥网络广播电台电视台。如网络电视、数字电视、楼宇电视等。

⑦视听服务类。专门或主要从事提供各类多媒体资料的平台，包括歌曲、电影等。

⑧直播视频类。专门或者主要从事利用互联网及流媒体技术进行直播的平台。

⑨ 短视频类。专门或主要从事几秒到几分钟不等的短视频内容推送的平台，包括技能分享、幽默时尚、社会热点、街头采访、公益教育、广告创意、商业定制等主题。

⑩ 微信小程序。

5.2.1.5 房地产售点媒体

房地产售点媒体如房地产售点广告，也叫POP广告（Point of Purchase），主要指房地产销售处或楼盘销售现场所售楼盘的广告。售点广告非常容易引导和诱发消费者对所售楼盘的差别化认识，快速直观地树立楼盘形象，加深消费者的印象。

售点广告的信息传播手段主要有七类：

① 进行实物展示、演示、悬物、物料陈列；

② 设立标示产品特征的立体物；

③ 散发单张海报，提供商品信息、服务、张贴指示、引导的各类标志；

④ 橱窗展示、模特表演，悬挂彩旗、条幅，设置展板等；

⑤ 展示楼盘各类广告信息的电子显示屏；

⑥ 设置广告牌、灯箱等室外现场广告；

⑦ 售楼处内摆放沙盘、城市规划地形图。

5.2.1.6 直邮类媒体

通过邮寄途径将带有产品信息的传单、商品目录、订购单等直接传递给特定的单位或目标人群。

5.2.1.7 社交类媒体

房地产营销推广对于网络的运用已经到了多元化的程度，从电子楼书到微信、网络游戏、博客等，通过不同方式向消费者传达项目信息，并吸引消费者主动参与到开发商所组织的游戏等活动中。社交类媒体主要包括：微信、微博、视频号、知识性问答的社交媒体。

5.2.1.8 其他媒体

利用新闻发布会、体育活动、年会、各种文娱活动等形式而开展的广告传播活动。

5.2.2 房地产项目营销广告的投放组合策略

一个房地产项目的广告投放不会只选择一种媒体。通过两种媒体传播，比用一种媒体传播使消费者得到的广告信息会更多，持续传达，才能在消费者心中留下印象。

各种各样的户外媒体、印刷媒体和报纸杂志、广播电视等广告媒体的信息传播功能各有所长，发挥的作用各有不同。讲究宣传效率的房地产营销广告推广必须要控制广告经费，实现广告经济效益最大化。

对不同类型的广告媒介进行综合比较是一项专业性很强的工作。目的是筛选与组合广告媒体，互相取长补短、以优补拙。

5.2.2.1 广告投放前判断组合形式

广告推广需要形式新颖独特，有自己的风格。广告投放前要了解竞争对手的广告策略，避其锋芒，防止雷同。一般要明确六个问题：

①竞争对手楼盘广告的投放媒体；②广告活动频率频次；③广告主体内容和风格；④广告播出时间及长度；⑤广告覆盖面、播出成本、广告媒体组合方式；⑥竞争楼盘采取的公关措施。

5.2.2.2 广告媒体组合的依据

广告投放是房地产项目进行信息传播的主要方法，选择时应考虑六类因素：项目市场定位、目标客户群习惯、竞争对手的广告策略、媒体的特点、媒体推广的针对性、媒体的主要覆盖区域等（图5-4）。

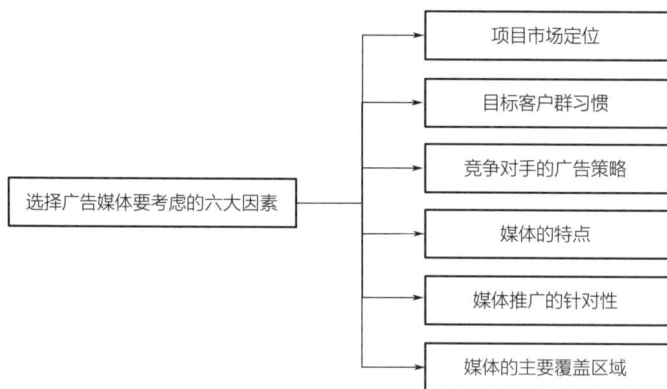

图5-4 房地产项目选择广告媒体要考虑的六大因素

（1）根据项目市场定位锁定媒体

房地产广告投放计划的设定，要根据项目市场的定位决定。必须对项目定位的内容完全理解，并确定好目标市场和目标客户群体，才能制定出合理的广告投放策略。如定位是高端豪宅，选择大众媒体的效果就不明显；如果定位是低端楼盘项目，就不选择高端财经类杂志媒体。

（2）根据目标客户群习惯选择媒体

项目媒体投放计划最关键的一步是根据不同媒体的特性选择出最适合房地产项目目标客户的媒体，实现在特定时间内针对特定受众（听众、观众和读者）完成特定内容的信息传播任务。

目标客户接受媒体的方式和习惯因人而异。在选择和投放广告时，需要结合目标客户的特点。所谓用户思维，即了解用户需求，从用户角度考虑渠道传播。只有针对用户思维精准选择传播渠道，才能产生实际的广告效果。如针对商务人士，则应选择日报、商业经济类报纸、商业及财经类杂志等，而对于大众型消费者来说，晚报、综合性电视节目及公交车亭广告则更为适合。

（3）了解竞争对手的广告策略

了解竞争对手的广告策略，有利于制定自己项目的媒体组合策略。可从四方面了解竞争对手的广告策略：媒体总体花费、媒体选择组合、广告投放方式、是否有特殊广告创意及广告投放尺寸等。

（4）分析媒体的特点

不同媒体特点不同，针对的人群也不同。要精心选择广告媒体，才能发挥出最大效果。一般来说，要从五个方面综合考虑：媒体发行量、面对人群、阅读（观看）率、表现力、覆盖范围。

不同媒体广告，需要的费用也不同。考虑到媒体成本问题，应根据项目营销整体预算和广告推广预算，精选更便宜、更灵活的广告媒体进行组合，力争降低广告费用，使广告效果与费用成正比。

（5）按项目阶段筛选有针对性的媒体

房地产项目投放广告最大的目的是针对项目所属阶段的特点，有的放矢地选择匹配的媒体提升销售业绩。但是，一个项目在不同阶段有不同的传播意图：

① 开盘前期需要传播开盘信息；

② 开盘期间主要是传播项目卖点及价格等消费者的关注点；

③ 产品预热期和公开期，广告主题多以产品规划优势、楼盘地段特征为主，通过形象介绍，让新项目尽快被客户注意和了解；

④ 项目强销期主要是传播促销类信息；

⑤ 项目收尾期，为下一个项目的开发储备客源，树立企业品牌。

针对项目的不同阶段，选择出不同媒体，计划出具体的投放量，针对能最大程度覆盖目标客群的媒体投放广告。

（6）了解媒体的主要覆盖区域

房地产项目的地域性特点非常明显。销售区域也是选择媒体的一个重要影响因素，要着重考虑两方面因素。

① 媒体传播范围不同，接收人群不同。

② 不同区域的媒体发展水平不同，广告信息内容和传递方式也不同。加上我国地域辽阔，不同地域的人们，生活习惯差异很大，接触媒体的方式也不同。如在一些三四线城市，缺少影响力特别大，覆盖面特别广泛的报纸，在做媒体组合投放时，应考虑增加更多的户外广告或活动类营销手段。

5.2.2.3 "线上＋线下"的组合逻辑

代表"线下"的传统媒体和代表"线上"的互联网媒体已经演变为广告投放两种不同的逻辑思维方式。广告服务商已经开始使用人工智能、大数据等信息技术，为企业和项目精准匹配用户、指导投放、评估投放效果。

研究显示，顾客看到广告后，在手机上搜寻产品信息已成为大众获取信息的常态。通过分析线上数据，进行线下广告投放，是很多房地产项目和企业的常规操作：用互联网技术把线下获取到的数据转化回线上；用数据反馈广告投入效果，管理企业项目和品牌资产。

"线上＋线下"组合的本质是在线上投放广告，在线下布局，最终把项目广告的价值发挥到最大。让广告投入不再只是成本，而是可转化的投资收入。

5.2.3 房地产项目营销广告的推广流程

房地产项目的广告推广，不能一蹴而就，需要遵从一定的步骤，才能发挥传播信息的作用（图5-5）。

5.2.3.1 明确广告诉求

房地产产品不同于一般商品，有如下几个特性：价值高、形态复杂、生产周期长。这些特点使房地产广告的诉求更注重对地域文化资源、产品独特性和目标受众心理趋向的研究和运用，并以恰当的方式表现出来，充分利用文化亲和力，抓住消费者心理，达到销售目的。

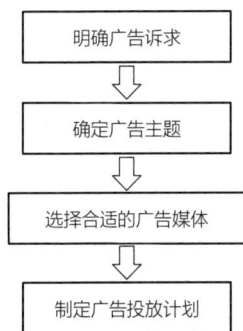

图 5-5 房地产项目营销广告的推广流程

广告诉求简单说就是广告要告诉受众并向受众重点强调的内容，是一个项目企图劝服或打动消费者的重点，也被称为项目卖点。

广告诉求必须能激发受众强烈的购买欲，广告诉求是否精准，决定了广告与目标客户群体间产生共鸣的强烈程度。

（1）常见的广告诉求类型

房地产广告诉求点应针对项目产品的具体细节，根据诉求对象、诉求区域特点，从理性诉求和感性诉求上考虑，忌讳广告流于空洞的吹嘘。常见的房地产广告诉求类型，见表5-7。

表5-7　常见的房地产广告诉求类型

诉求类型	详情释义
理性诉求	真实、准确、公正地传达开发商或楼盘的有关信息，如地段、价格、户型、环境、交通、配套等元素，带给客户实际利益，让受众理智做出决定
感性诉求	从人文精神和情感方面向受众传达某种情感或感受，唤起受众的认同感和购买欲，诱发购买行为
产品诉求	直观地为消费者展示产品承诺的利益点，用直观的方式，让消费者最快接收有价值的信息，在脑海里留下深刻印象，让消费者对新产品产生理性判断，适用功能性强、价格高的产品
情理结合	用理性诉求传达项目信息，以感性诉求激发受众的情感，达到最佳广告效果

（2）常见广告诉求点

强有力的广告诉求点一定是客户最关切、项目具备的最强价值点。它能有效吸引目标客户群体，提高广告推广效果，起到促进销售的作用。

每个房地产项目都有最重要的六大价值体系：品牌价值、园林价值、产品价

值、教育价值、物管价值和地段价值，好的广告诉求都要从这六个价值体系入手找
广告诉求点（图5-6）。

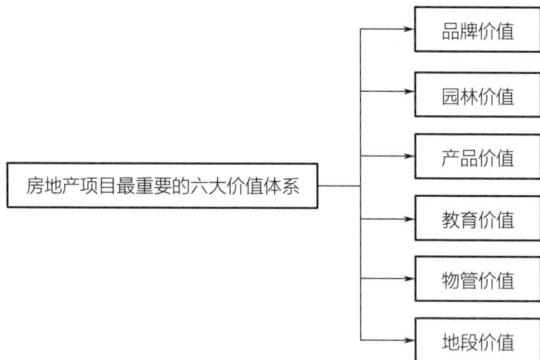

图 5-6 房地产项目最重要的六大价值体系

必须记住，广告不是产品，允许运用一定的艺术夸张和技巧，但忌故弄玄虚、凭
空捏造。恰如其分地表现广告诉求，才能取信于广大消费者，形成真正的良性循环。

5.2.3.2 确定广告主题

广告主题是根据广告目标提炼出来的，是一则广告的中心思想，要贯穿于整个
项目广告活动及其广告作品中，是消费者认知项目的重要途径。

好的广告主题会将项目要向大众传达的复杂信息，通过简单易懂的影像、图形
或语言等形式表达出来，达到某种诉求目的。

一则主题明确的房地产项目广告需要保证两点：能体现广告创意的精髓；强调
项目主要信息，聚焦项目最核心的价值。

（1）确定优秀的广告主题

优秀的广告主题能为项目销售鸣锣开道，唤起市场关注，引发消费者购买欲
望，促成购买。广告策划要运用各种思维方式，围绕主题把推销对象观念化、情感
化，最大限度地打动和说服消费者。

典型的广告主题类型有两种。

① 强调商品核心卖点。好的广告主题需要明确地指出项目的主要优势，最大化地呈
现项目的核心卖点，如地段、价格、环境、配套、设计等因素，这均是能打动目标客户
的重要因素。但要记住，一则广告中不能出现太多广告主题，以免把项目核心主题冲淡。

② 激发受众购买行为。好的广告主题能对消费者的销售行动起到推波助澜的作

用。在实际操作中，可结合目标用户的兴趣和爱好，创造目标用户感兴趣的内容，以最快的速度博得消费者关注，最终实现销售变现。

（2）遵从广告主题的创作标准

广告主题是整个广告要表达的核心，受产品定位制约。广告主题提炼要依据产品本身的特点，根据同类产品的特异之处和消费者需求特性以及使用特性创作完成。

房地产项目的广告推广，应以创作优秀的广告主题为第一目标。打造易于传播，逻辑清晰，让人耳熟能详的广告。房地产项目优秀广告主题的三条创作原则，见表5-8。

表5-8　房地产项目优秀广告主题的三条创作原则

创作标准	内容要求
平民化	简单易记，语言平实，广告语字数最好不超过13个字
差异化	①利益清晰，诉求点不超过两个，有差异化，有记忆点； ②文案结构对称、读起来押韵等是广告语易记的优势
标签化	形象鲜明，传递的价值与目标客群身份相匹配

（3）坚守广告主题的创作目标

广告主题创作需要根据推广策略与项目调性进行。广告风格要用与项目调性相符的文字和视觉方式表现，向市场释放项目主体形象，对目标用户产生认知、情绪、行为三方面影响，有效增加项目的竞争力与影响力，最终促进销售。

① 展示项目品牌价值。消费者判断一套房屋是否有购买价值，标准有很多：地段、户型、价格、物业、配套设施，甚至是更深一层的身份、情感、文化等因素。这些因素综合起来就是项目的品牌价值。

购买的决断权在客户手中。广告推广是将产品最有价值的一面展现给目标客户，吸引客户选择和购买。创作广告主题时，要展示出项目品牌的价值。其次用合适的广告主题帮助受众获得自我实现，向用户头脑中植入一个清晰的概念，促成他们下一步的消费行动，而不是只围绕品牌进行浅层次的自我标榜。

② 满足消费者需求。营销的本质是识别并满足消费者需求，然后获得利润。理论上说，消费者需要什么东西，企业就要提供符合他们需要的东西。消费者需求正是广告诉求有效互动的理论支撑点，好的广告主题源自明确知道目标客户的需求，并始终围绕这个需求做广告设计。

③ 把握区域价值。影响房子投资价值的因素有三个：企业和项目品牌、项目产品、项目区域价值。

一个项目可以通过项目自身具有的区域价值，主动掌握本板块的话语权。项目区域价值是指三个方面：项目品牌在政府近期及中远期规划中的价值；项目品牌在区域未来发展中的地位和价值；项目为区域所带来的发展和投资价值。

（4）按项目阶段确定广告主题

房地产项目的销售周期性较强，项目广告推广节点性也很强。确定广告主题要遵从三点：①搞清楚项目处在哪个营销节点上；②分析不同阶段推广主题适合什么类型的切入点；③根据营销节点需求创作不同阶段的广告主题。

5.2.3.3　选择合适的广告媒体

不同广告媒体有不同的收益率和传播效率。不同目标群体关注的媒体渠道不一样。要保证一则广告宣传推广的有效性，先要分析媒体渠道。

（1）选择广告媒体的标准

房地产项目投放广告要考虑的三大因素，见表5-9。

表5-9　房地产项目投放广告要考虑的三大因素

考虑因素	内容要点
目标受众	①找准客户可能购买的时机，如周末和节假日； ②选择目标受众最可能接触媒体的时间； ③重点考虑目标受众偏爱的节目
记忆规律	①间隔时间越长，遗忘量越多，必须给予反复刺激； ②立体媒体组合效应，紧随人的活动周期重复传播同一信息； ③合理的广告时间间隔是"先短后长"
视听峰谷	①广播、电视广告在视听顶峰和"黄金时间"各安排一定量的广告，效果最优； ②每组中的头条广告和末条广告，效果最优； ③每周星期一晚电视收视率最低

（2）广告媒体投放的要求

据统计，房地产项目80%的广告费用都用在了广告媒体上。如果媒体选择不当，有可能造成项目广告投入高，见效低的后果。

为增强广告投入效果，广告投放有三个要求：

① 重视选择媒体组合，形成全方位广告空间，扩大传播广度与深度，增加广告受众数量；

② 合理安排广告发布时间、持续时间、频率、各媒体发布顺序等；

③ 重要广告要提前预定发布时间和版位，争取将项目卖点用最有效的媒体传递给目标受众，让他们接受并记住。

5.2.3.4 制定广告投放计划

相比漫无目的投放策略，有目标、有计划的投放策略更能让广告投入获得最大价值。广告投放计划旨在表现项目广告推广的全面性与计划性，使广告推广依计划有序展开，达到更有效的宣传，更好地服务于项目整体的营销。房地产广告投放计划，要依据项目所处不同阶段选择不同媒体，实现不同投放目的。

（1）广告投放的流程控制

房地产广告投放的流程，见表5-10。

表5-10 房地产广告投放的流程

投放流程	详细内容
确定推广主轴	项目推广的主轴以什么营销事件展开
制定媒介组合	纸质媒体/网络媒体/视频媒体/活动营销
推广主题分解	①项目主广告文案； ②项目次级广告文案； ③项目广告主画面； ④项目广告分画面
明确推广频率	项目整体推广计划时间表

（2）广告投放的节奏控制

围绕推广策略与营销节点确定推广节奏，一般有四种投放形式：集中型投放、连续型投放、间歇型投放和脉动型投放（表5-11）。

表5-11 房地产广告的四种投放形式

投放形式	主要内容
集中型投放	①集中在一段时间内发布广告，短时间内形成强大广告攻势，有效刺激目标客户群体欲望； ②通常在项目开盘前后、楼盘封顶、交付入伙等时段采用
连续型投放	①在一定时期内均有广告投放安排； ②广告反复出现在消费市场上，逐步加深客户对项目的印象，不断刺激消费者，也能节省广告费用
间歇型投放	①间断但持续进行广告投放； ②在项目开工、认购开始、楼盘封顶、竣工入伙等销售节点采用； ③根据项目实际销售效果和受众遗忘速度调整广告的间歇时间
脉动型投放	①集合连续型和间歇型两种投放策略：一段时间内保持广告发布，某些时机加大投放攻势； ②短期内实现强烈刺激，形成长期积累； ③广告费用投入较高

（3）广告投放周期控制

广告时间安排是在一个规范的营销行为下做出的广告周期拟定。一个楼盘的广告周期隶属于它的营销周期，作为一个相对独立的营销周期，广告周期安排是不可缺少的一部分。广告主题轮流投放并非无序，而是与广告诉求点、广告投放周期安排紧密相连。一个完整的广告投放周期由四个部分组成：广告导入期、广告猛攻期、广告巩固期和广告消退期。

① 广告导入期。指项目预热蓄客阶段，推广侧重点在于扩大项目知名度，通过建立和推广项目核心卖点，在市场上形成一个固定且清晰的概念，传播项目开盘入市的信息。

广告导入期的广告媒体应选择传播面广的媒体，如报纸、电台等，投放频率和力度宜小。

要注意，房地产项目楼盘形象一经推出，必须在短期内制造轰动效应，采取广告媒体大面积、立体式、多维度投放。在项目形象相对丰满时，进行适当维护。除保持完整的导示系统，还要在主要广告媒体和有效媒体上保持阶段性投放。

② 广告猛攻期。房地产楼盘的高价值型属性决定了其客户购买决策周期较长，选择变化较多。项目广告必须创造短期集中效应。项目进入强势开盘期，广告投放随之转为猛攻期，表现为：a. 大幅增加广告投放频率，增加媒体类型，用强烈广告攻势撼动市场；b. 利用多种媒体全面体现项目优势；c. 频繁发布广告信息以尽快确立项目形象；d. 反复传递项目促销信息，吸引目标客户到来。

③ 广告巩固期。项目进入到开盘期和强销期后，新增客户会维持在一个相对平衡的曲线上，广告投放相对放缓，保持在一个稳定的频率上。此时，户外媒体和印刷媒体已制作完工，这两类广告因其相对固定，如果项目没有临时新增促销活动，一般不再做内容调整。

④ 广告消退期。项目进入尾盘期时，广告投放频率逐渐减弱，直至停止。这一时期的广告投放处于广告消退期。广告宣传依靠前期广告剩余的外媒体和网络媒体维持，保持住项目的市场曝光率即可。这个阶段的广告创意无须太多变化，内容主要以尾盘优惠促销为主，告知大众项目的剩余单位及其项目价值。

（4）广告效果评估控制

企业和项目负责人都知道，花在媒体上的广告费有一部分是浪费的，这是因为缺少广告效果的科学评估。进行房地产项目广告效果评估是为发挥媒体作用，利用有限的广告经费收获最大的经济效益。

广告效果评估的指标包括：①不同媒体的效应和覆盖目标；②不同种类、不同时间、不同篇幅的报纸广告分析；③不同种类、不同时间、不同篇幅的杂志广告分析；④不同电视台、不同时段、不同栏目的电视广告分析；⑤不同电台、不同时段、不同栏目的电台广告分析；⑥不同地区、不同方式投放的邮寄广告分析；⑦户外或其他媒体的分析；⑧不同媒体组合形式的分析。

5.3 营销推广活动管理

一个房地产项目可以少做广告，但不能不做营销推广活动，尤其是对处于陌生区域市场的项目而言。营销推广活动的最大价值是吸引人气、积累客户。

营销推广活动是指通过精心策划系列性主题鲜明的活动，通过活动本身的新闻价值或热点效应实现品牌传播，提高项目知名度，增加蓄客，拉动销售。

5.3.1 节点管理

时间节点是房地产项目销售的一个大节奏，在不同时点做正确的事。一个项目的营销推广有很多节点：销售节点、活动节点、节日节点等。

在各个节点的工作重点分别是：①销售节点重点邀约；②活动节点引爆人气；③节日节点重点维护。

项目推广活动多围绕五类节点举办：开工奠基、内部认购、正式开盘、楼盘封顶和交房入住等。常用的活动推广形式包括：暖场活动、艺术活动、主题发布会活动、重要节日类活动、客户酒会活动和时事热点活动等。

5.3.2 精准接待

渠道拓展客户在到达案场前，提前做好与现场置业顾问的沟通和预告，确保做到精准接待，在销售案场通过提供服务、营造气氛、准备物料、介绍产品等方式，直击客户内心，提高转化率。

（1）话术方面

对销售人员的话术培训是销售转化的重要一环。

①销售人员要快速了解到场客户的需求，贴近客户，打动客户。

②保证销售现场的内外场产品及促销等口径一致。尤其是在大型且重要的活动

节点时，对销售人员的说辞培训和指引要多次演练达到自然准确流畅。

③ 不同产品吸引不同的客群，重点分析本次活动目标客户的特征和适合使用的话术：对于职场高层的刚需客户重点可以讲配套，对于喜欢洋房别墅的客户多讲产品品质，对于企业圈层的客户巧妙运用关系渗透，对于投资类客户多讲产品投资价值等。

（2）营销物料

要提前明确销售现场为客户准备的海报、礼品，以及展架、桁架等物料的使用规范。根据本次客群特点、区域特点和时间节点，制造有个性化需求的物料，并保证物料充足，提高工作效率。

（3）及时总结

销售人员要定期对接待客户的数据进行总结分析，包括客户的工作区域、居住社区、消费区域等，完善客户地图。

5.3.3 选取有聚客力的活动

房地产项目常用的五类营销推广活动，见图5-7。

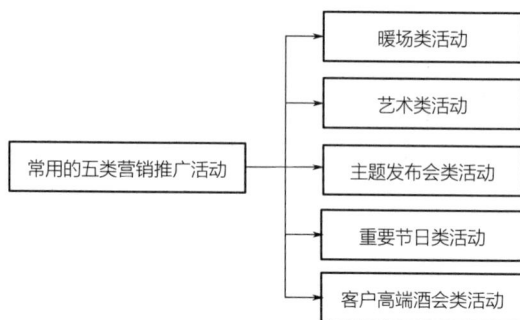

图5-7 房地产项目常用的五类营销推广活动

5.3.3.1 暖场类活动

暖场类活动是以活动为载体，通过活动带动项目售楼处的人气，烘托热烈的现场氛围，增加现场客户的成交冲动，促进楼盘的销售。这类活动一般小而精，活动形式多种多样。

（1）手工DIY活动

手工DIY活动是为人们创造动手的机会且具有较强吸引力的活动。手工DIY活动的优点很多：①主题丰富多彩；②能与民众日常生活紧密相连；③活动主题能和时尚潮流、热点主题、季节、节日等结合，如民族风手作、插花艺术、品茶烘焙、端午节包粽子等。

（2）节日庆典活动

节日庆典是人们生活中重要的仪式活动，如烟花秀、花车巡游等活动比较适合在春节、元宵节等重大节日举办，能让客户感受到更浓的节日气氛，对提高房地产企业的知名度也非常有效，非常受大众喜欢。

（3）家庭亲子类活动

家庭亲子类活动是家庭关系和谐美满的助推器。在家庭教育开支和亲子活动日益被重视的背景下，组织家庭亲子类活动，既能让消费者体验美好的亲子时光，又能感受楼盘产品的魅力，是非常有效的挖掘客户、带动人气、拉动销售的活动。

5.3.3.2　艺术类活动

中国的城市规模在快速扩大，房地产企业的角色由房子建造者也逐渐转换为生活方式的经营者，时尚潮流和艺术的引领者。房地产企业也非常适合作各类大型艺术活动的赞助商和发起人，如冠名摄影展、音乐鉴赏会、博览会、文化美食节、美物节等艺术主题活动。

这类活动既能调动客户积极性，也能提升房地产企业的文化艺术气质。客户参赛作品还能作为优质广告内容，在后期可利用这些作品进行二次传播，是非常受欢迎的营销活动。

5.3.3.3　主题发布会类活动

主题发布会类活动主要包括：项目品牌发布会和项目产品发布会。一般在项目认购期或正式公开发售前举办。主要目的是告知目标客户群关于本项目的卖点信息、核心价值以增加项目的知名度。

（1）品牌发布会

品牌发布会是企业和项目进行品牌宣传最有力也是最主要的宣传手段。在品牌仪式感、客户体验感上有很大价值。品牌发布会活动的主题有如下几类：①项目和企业的品牌故事；②区域价值、产品迭代、建筑设计、科技智能、绿色环保等主题。

一场成功的品牌发布会，不仅仅是对客户的献礼，更能极大地提升项目品牌的形象与美誉度。

（2）产品发布会

不同于一般新闻发布会，产品发布会是第一时间向大众推出并详细介绍产品的会议，注重向目标客户传达项目的产品信息，提高关注度，以此建立大众对项目品牌的认知，为后续的客户积累建立推广渠道。

5.3.3.4　重要节日类活动

元旦、春节、劳动节、国庆节等全国性重大节日是举办房地产项目营销推广活动的黄金时机。重要节日类活动能聚集人气，引发比其他活动更多的关注，营造项目的热销场景，扩大项目的知名度。活动以项目周边现场氛围布置为主，使案场更符合节日的氛围。国内重要节日，见表5-12。

举办重要节日类活动要注意以下几点：

① 将一年中所有的节日类型及时间列出来，从中筛选出适合借势营销的节日；

② 在年度规划整合中做好安排计划，避免临时抱佛脚，仓促找方案；

③ 结合项目全年推广工作计划，挑选出需要做活动的阶段；

④ 提前做好活动预热和准备，通常需三天，特别重大的节日至少一周；

⑤ 深度挖掘活动和节日之间最契合的点，使两者有机结合；

⑥ 善于利用项目所在地受众最喜欢的节日来锁定目标人群。

表5-12　国内重要节日列表

节日类型	具体内容
法定节假日	元旦、春节、清明节、劳动节、端午节、中秋节、国庆节等
公众类节假日	三八妇女节、五四青年节、六一儿童节等
重要纪念节日	七夕节、母亲节、父亲节、教师节等
民俗时令	重阳节、元宵节、腊八等
电商节日	双十一、双十二、年货节等

5.3.3.5　客户高端酒会类活动

将客户高端酒会作为营销活动，有四大价值：①维系老客户、开发新客户；②塑造项目品牌、文化和形象；③帮助企业改进产品和服务；④增加客户满意度、降低楼盘营销成本。

按功能划分可将客户高端酒会分为两大类：营销主题酒会、品牌塑造主题酒会。

6.1　房地产项目营销的预热期管理

房地产项目生产建造周期长，从开工到竣工，一个小规模项目至少需要8个月，大规模项目需要5～8年，甚至更长。项目开工前要办理一系列行政审批手续，一个项目的正常开发周期要2年左右。因此，房地产项目的营销管理，要分阶段进行。

房地产项目的销售管理，按时间推进分成四个阶段：预热期、强销期、持续期、尾盘期（表6-1）。销售管理按这四个阶段逐一开展，不同阶段使用不同的营销思路与策略。

表6-1　房地产项目不同销售阶段的划分及主要任务

阶段	时间节点	主要任务
预热期	开盘前1～3月	完成销售总量10%的销售业绩
强销期	开盘后1～2月	累计完成项目总量40%～50%的销售业绩
持续期	开盘后3～6月	累计完成项目总量70%～80%的销售业绩
尾盘期	开盘后7～10月	累计完成项目总量85%～95%的销售业绩

房地产项目楼盘尚未正式发售，进入市场前会经历一个预热及亮相阶段。这个阶段是房地产项目档次及品质定位最重要的阶段，也是项目后期销售推广的重要基础。

项目预热期的主要任务有四个：

① 树立项目市场形象，突出房地产项目核心优势，展示楼盘基本情况；

② 宣传项目主题概念和倡导的生活方式；

③ 吸引客户关注度，在市场上建立一定知名度，获取和扩大客户基础，分流竞争楼盘的客户；

④ 用提前发布的销售信息，测试目标市场和目标客户，为后期的销售策略提供市场依据。

6.1.1 预热期的整体筹备

为保障预热期的工作顺利进行，要做好七类筹备工作：

① 准备土地使用权证、建设用地规划许可证、建设工程规划许可证、开工许可证、投资许可证、销售许可证等各种证件；

② 准备能证明项目的产权清晰，无抵押、债券、债务关系的产权文件；

③ 根据前期市场反馈，调整并完善推广策略；

④ 楼盘及销售案场包装完成；

⑤ 准备好销售道具及宣传工具；

⑥ 确定交付及设备标准、确定物业服务内容、制定价格表及付款方式；

⑦ 团队组建完成且达到上岗条件。

6.1.2 楼盘形象包装

形象包装是楼盘销售的利器。售楼处的档次，用品的精致程度，客服人员的素质，都会对客户判断项目产生微妙影响。良好的楼盘形象可以刺激市场消费，使楼盘知名度发生重大变化。

楼盘包装是体验营销中基础且重要的部分，主要包括四项内容：工地形象包装、售楼处形象包装、园林景观形象包装、样板间形象包装（图6-1）。

6.1.2.1 工地形象包装

工地是房地产项目楼盘最吸引购房者的地方，是楼盘宣传最经济、最有效的场所。项目工程进度、建筑风格、外立面等元素能带给购房者最直观的感受，直接影响购房者对项目品牌和开发商的评价。

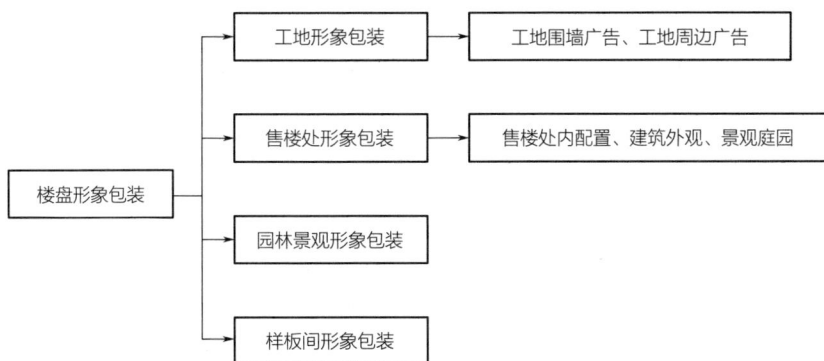

图 6-1 楼盘形象包装的内容

工地形象包装主要包括两大内容：工地围墙广告和工地周边广告。

（1）工地围墙广告

围墙已经成为房地产项目在建设期间必不可缺少的配套，既能展示企业自身形象，也是房地产开发企业非常重视的广告场所。好的围墙广告，能美化楼盘建设工地，吸引过往行人关注。

围墙广告的内容主题通常有三类：项目整体形象与核心卖点；开发企业形象及品牌理念；楼盘建筑单位资质。

围墙广告本质上就是项目楼盘一幅巨大的户外宣传海报，一般用项目主题广告文案加上吸引人关注的画面来展示。广告内容形式具体可分为五类（图6-2）。

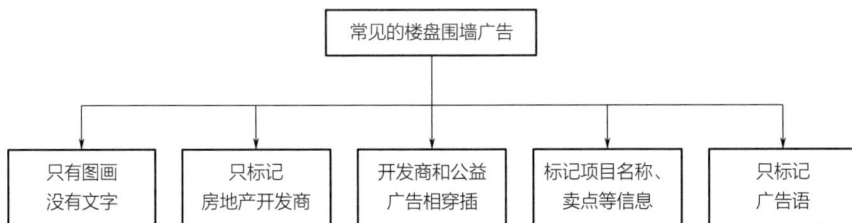

图 6-2 楼盘围墙广告的内容分类

（2）工地周边广告

楼盘的工地形象包装往往会延伸到工地周边一定的范围内，如在楼盘工地附近的主要道路两旁设置路旗、彩旗、广告牌等。对地处偏僻或离交通主干道有一定距离的楼盘来说，路旗、彩旗等起着重要的引导作用。要对道路两旁树木进行一定的包装装饰，内容主要为项目楼盘名称和楼盘标识。

6.1.2.2 售楼处形象包装

房地产项目的售楼处又称营销中心，是客户了解楼盘信息的第一个场所。售楼处的环境能为客户营造一种氛围，达到客户一走进售楼处，就很想买房子的效果。客户在售楼处停留时，不断有细节能促使客户与环境互动，通过背景音乐、参观动线、服务方式等各种细节和氛围向客户传递消息：这是值得购买的好房子。售楼处形象包装的要点，见表6-2。

表6-2 售楼处形象包装要点

包装要点	包装要求
选址与空间	①选择交通便利，位置显眼的地方； ②售楼处面积不宜太小，能容纳一定数量的客户，避免形成局促感，影响客户判断
导视系统	①外部导视系统一般位于一定的交通主干道上，设置交通指示； ②内部导视系统一般包括项目整体布局、楼栋分布朝向、售楼处停车场、案场洗手间、样板间等指示牌
装修风格	①装修风格、档次要迎合项目定位及目标客群消费习惯，与项目楼盘保持一致； ②可多利用空间内柱身、内部绿化、室内转角处、墙壁进行适度广告渲染，不宜喧宾夺主； ③在售楼处周边进行景观庭园设计，如假山、雕塑、小花园等，将景观展示最大化，增加楼盘的品质感与档次
销售氛围	①能吸引客户到访，留住客户，增加人气； ②给予客户良好体验感，使客户有宾至如归的感觉
销售人员形象及服务	①销售人员形象良好；服务专业、细心、热情； ②服务人员能减少客户的戒备心理
售楼处功能分区	①售楼处的功能分区明确，相关物料准备齐全； ②每个区域布置合理，动静分区，动线流畅，符合接待的习惯性流线； ③销售动线：辐射区—迎宾区—沙盘区—洽谈区—签约区—展示区—财务区—工作区—水吧区—休闲娱乐区—儿童活动区

6.1.2.3 园林景观形象包装

园林绿化是项目楼盘重要的产品素质，是小区形象的重要组成部分，不仅能提高社区的知名度，好的园林景观还可以带动整个楼盘的销售。建立园林景观示范区，有助于项目在销售前期提前呈现项目的绿化、园林设计。

园林景观形象的包装有五个重要原则：

①根据当地特色和地理环境特点，充分利用当地资源，就地取材；

②尽量使用大自然中平常多见的天然材质，如乔木、地被植物、木材、贝壳、木屑等；

③体现与当地自然环境的完美融合，为社区增加真实和自然情调；

④精心选择植物和配饰，突出当地特有的植物景观；

⑤尽量降低园林工程建造成本。

6.1.2.4　样板间形象包装

样板间是开发企业向购房者展示楼盘的户型结构、楼盘定位及未来生活方式的规划工具，是房地产营销常用的互动体验营销载体。样板间是最能引发购房者购买欲望，最直观的销售道具。一个成功的样板间现场不能有遗憾，细节不可无震撼。

（1）样板间选址

样板间往往设在工地内，由于整个楼盘的整体建筑都在施工中，棚架、施工灰渣、杂物以及施工人员走动，均会对样板间的安全产生不良影响。

包装这类样板间要注意两点：样板间也可以设在工地外，如售楼处内、房展会、黄金街区、商场中庭等地方；保证安全，尽力打造安全至上的环境。

（2）样板间户型选择

房地产项目样板间主要展示的三类户型，见图6-3。

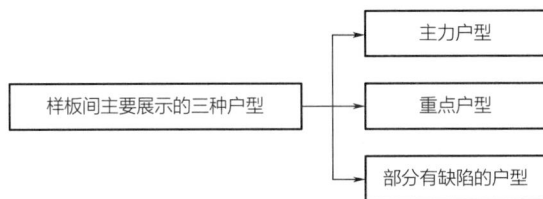

图 6-3　房地产项目样板间主要展示的三类户型

大多数楼盘的户型种类都较多，样板间展示的户型不宜太多。

①根据楼盘差异化优势，把主力户型与重点户型进行选择与组合。

②对楼王、大户型等重点户型，通过样板间包装加深客户的理解，因此重点户型也应作为样板间的户型选择之一。

③部分有缺陷的户型可利用装修包装化解，直至转化为追求高性价比客户最喜欢的选择。

需要注意的是，不同户型的样板间不宜摆在一起，会显得楼盘档次定位不明确，让客户增加选择对比难度。

（3）样板间的设计原则

包装样板间要遵循设计风格、档次与项目形象定位和客户定位相符合的原则。如把别墅样板间设计标准用在普通高层项目上，会让不富足的目标客户望而却步；传统中式风格不容易被时尚一族接受。

充分展示楼盘的户型格局及各种功能，弱化样板间的售卖功能，以营造真实、温馨的居家环境为主，缩短产品与客户间的距离。

装修时需注意细节，体现开发企业的精装体系与标准。越细节的东西往往越能体现品位与风格，如墙面颜色均匀与否、装饰品摆放是否合适、窗帘花色等。

充分展示智能、生态等科技因素。

整体包装重视实用性和耐用性，追求产品本身的适配性。视觉上不给参观者带来压迫感，空间构造以开敞和明朗风格为主。

6.1.3　楼盘广告实施

在项目预热期，蓄客是重要的销售目标。营销可以用跑量的形式开启销售，跑量的销售做法是指销售利润很薄，但销售数量非常大，能实现项目整体利益最大化。跑量销售的目的是营造火爆势头，为后期产品销售打好基础。

预热期的蓄客过程中可增加一定的回款目标，如蓄客收取金额，以增加客户黏性，减轻项目销售压力及资金回款压力。预热期蓄客阶段能积累一定的人气与客户资源，是整个项目楼盘持续发展的基础。

6.1.3.1　预热期的推广重点

项目预热期阶段是整个项目定位的重要阶段，主要推广任务是：①推广项目整体形象，奠定项目在客户心中的品位、档次；②展示项目形象，告知楼盘基本情况；③让客户认同项目理念和所倡导的生活方式；④宣传开发企业实力，为后期项目价格调整埋下伏笔。

6.1.3.2　预热期的推广策略

预热期的推广策略主要是通过户外广告、海报、网络推广等方式，不间断地参与社会新闻事件，制造话题，挖掘客户工作。根据项目自身情况制定本阶段的推广策略。可采用以下策略进行推广。

（1）高位切入策略

高位切入策略是立足区域谋局，着眼品牌运营，以较高调性进入市场，获取超越其他楼盘的利润，形成项目品牌的高美誉度。用领先周边市场的"高品质、高形象、高舒适度"的产品形态宣传项目，以区隔整个区域市场，体现本楼盘的与众不同。

（2）市场差异化策略

产品谋局，差异化是决定房地产项目产品是否物超所值的关键，用"物超所值"和"高人一筹"的产业品质打动消费者。用主题差异、产品差异形成项目核心竞争力。

6.1.3.3 预热期的媒介策略

预热阶段，项目处于五证尚不全的状态。无法在报纸等媒体上刊登硬广告。可选择四类广告媒体释放项目信息：户外广告、车身广告、公交候车亭广告、路牌广告等。

6.1.4 销售团队培训

预热期销售团队要在开盘前3～4个月进场。销售团队要经过专业培训，迎接即将到来的销售工作。销售团队的培训内容，见图6-4。

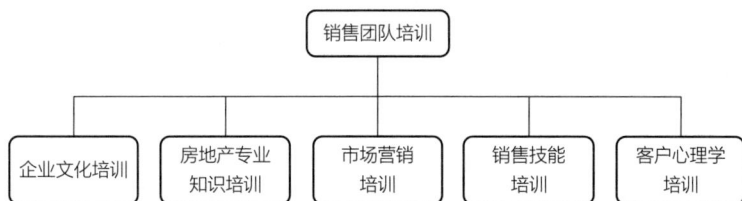

图6-4 销售团队培训的五大内容

（1）企业文化培训

培训内容主要包括：①企业的发展历史与现状、企业文化、经营理念、服务理念和荣誉；②房地产开发与质量管理、售后服务承诺等内容。

（2）房地产专业知识培训

房地产专业知识培训主要包括六类：

① 房地产行业整体市场及发展趋势；

② 房地产政策、法律法规知识；

③ 房地产名词解释及专业术语，如容积率、绿化率、建筑面积、使用面积等；

④ 房地产市场调研的内容及方法；

⑤ 项目地段及周边配套设施等；

⑥ 与房地产行业相关的专业知识，如金融知识、物业管理知识、工程建筑基本知识等。

（3）市场营销培训

房地产销售人员市场营销培训包括两类：

① 房地产的产品策略、营销价格策略、营销渠道策略、促销组合策略等知识；

② 产品定位、目标客群、项目分析等的技巧和方法。

一个优秀的销售人员同时是策划方案的执行者，领会策划方案的思路与灵感，才能创造性地执行销售工作。

（4）销售技能培训

一个销售人员最大的专业能力就是搞定客户的能力。销售技能培训实质上就是给销售人员一套销售标准流程和一套销售话术。

一个完整的房地产项目销售流程有四步：①使客户建立信任；②解决客户的问题，即清楚客户目前住的房子的问题在哪里，客户对未来房子的诉求是什么；③价格谈判；④完成交易。

让一个优秀销售员成交的五大能力是讲解、提问、解决、谈判、维护客户。

培训目标是培养和提升销售人员的专业技能：掌握销售流程、标准与技巧。包括从客户进门直至离开的整个过程以及每一环节的基本标准、销售技巧和注意事项。

（5）客户心理学培训

客户心理学是研究人在购买商品时的心理活动，这个心理活动的本质就是人性。很多针对客户心理的营销技巧，对销售成交作用非常大，是销售人员必须掌握的实战技术。销售人员在销售过程中洞察客户的各种决策心理，才能帮客户做出满足他们需求的选择。

6.1.5　需准备的营销物料

房地产营销活动具有前置性，在楼盘尚未建成时就要开始筹备销售工作，预热期须准备相应的推广物料以辅助销售，为目标客户体验项目提供一个重要途径。案场销售的规范管理，就已经明确规定了各种道具的使用规则。须准备的物料，见图6-5。

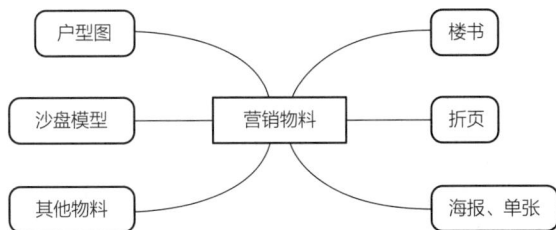

图 6-5 房地产项目营销预热期须准备的物料

6.1.5.1 楼书

楼书是宣传楼盘、吸引购房者的专业售楼资料，是项目推广必不可少的宣传资料。通常在楼盘尚未建成、处于预热蓄客阶段就开始对外发行，向公众发布项目楼盘信息。

（1）楼书内容

随着市场发展，楼书形式从传统纸质文本开始向多样化发展，目前市场上已经有的楼书类型是：电子楼书、媒体楼书、多媒体楼书、学术楼书、杂志楼书、笔记本楼书等。房地产项目楼书的内容，见表6-3。

表6-3 房地产项目楼书的内容

内容	具体说明
楼盘概况	占地面积、建筑面积、公共建筑面积、使用面积、建筑覆盖率、容积率、绿化率、层数、层高、车位数、发展商、建筑商、物业管理公司、物业结构等
位置交通	楼盘具体位置示意图、交通路线示意图及位置、交通情况等
周边环境	自然环境介绍、人文环境介绍、景观介绍等
生活配套设施	周边学校、幼儿园、医院、菜市场、商场、超市、餐饮服务业等配套建设介绍等
规划设计	楼盘规划理念、规划特点、楼盘建筑设计者、设计理念、建筑特色、绿化风格与特色等介绍
户型介绍	以灵活多样的方式将户型类型、户型特色、户型优点一一展示
物业管理	楼盘售后服务介绍，包括物业管理公司、物业管理内容、物业管理特色等内容

（2）楼书编写注意事项

通过电视等电子传播载体呈现的楼书，可生动形象地向客户展示楼盘信息。相比纸质楼书，电子楼书的展示与传播更灵活多变，与客户之间有更多的互动（图6-4）。

表6-4　房地产项目楼书编写注意事项

注意事项	具体要求
真实性	楼书是一种项目广告传播方式，制作楼书时可以适当增加艺术元素，但更应该保证内容真实可信，不可弄虚夸大
全面性	站在客户角度去构思楼书，将客户需要知道的楼盘信息详尽阐释，以保证楼书内容全面、翔实
一致性	楼书要与项目定位保持一致，避免客户看后不知所云，与所体验的项目感受不匹配
便携性	楼书便于携带，才便于传播。使用特殊开本，或者印制物料过于沉重，不便翻阅的楼书，难以传播

6.1.5.2　折页

折页是简要版本的楼书，是一种信息补充物料。特点是：①制作费用比楼书更低；②可以大量发放，传播范围更广泛；③内容设计通常是折页封面展现楼盘形象，内页为项目楼盘介绍、户型展示和其他内容；④内容板块清晰、信息全面，文字简洁。

6.1.5.3　海报、单张

海报、单张通常以主力户型、促销信息为主。时效性与针对性特别强，易于拿取和传播，是辅助销售的好道具。适用于大量派送，如展销会、街头派送、报纸夹页等。

海报和单张这类物料的特点是：①内容简单直白，一语中的；②能以最快的速度传播出去；③项目地址、售楼电话、项目交通位置图等内容完整、价值点一目了然、核心文案清晰。

6.1.5.4　户型图

户型是客户选择楼盘的重要决定要素。户型图是楼盘房屋的平面空间布局图，通过色彩、符号、文字说明、数字标记的手段，对单一户型各个独立空间的使用功能、相应位置、大小等进行形象描述，直观地看清楚房屋的走向与布局。

6.1.5.5　沙盘模型

所谓沙盘模型，是指根据项目楼盘设计方案按一定比例关系制成的缩小版楼盘板块模型，旨在还原和呈现楼盘全貌、周边配套、城市规划及道路情况，方便有购买意向的客户观看，增强客户的体验感。

（1）沙盘模型的类型

沙盘模型主要分为三种类型：区域位置沙盘模型、项目沙盘模型、户型单体模型。

① 区域位置沙盘模型：用立体模型的方式，展示楼盘所在区域的市政交通、教育、医疗、市政景观与公园等配套以及周边环境。

② 项目沙盘模型：反映楼盘的全貌，包括项目的景观、配套设施和园林景观等。

③ 户型单体模型：展示户型的外立面、内部结构和花园景观，方便客户了解户型的实际布局和空间大小。

（2）沙盘模型的设计要求

沙盘模型的设计应该符合两方面的标准：①工艺标准。使用材料符合工艺要求，拼合无可见误差，没有工艺缺陷。②设计标准。色彩搭配、家具设计的款式符合户型的本身定位，表达的细节充分且不单调。色彩上要求温馨、宜居，整体以暖色系为主，一般用暖色调灯光进行修饰，打造"万家灯火"的温馨场面。沙盘模型的设计要求，见表6-5。

表6-5 沙盘模型的设计要求

项目	要求
建筑模块	①虚实分明，整体为虚，呈现部分写实； ②虚的部分多考虑采用透光且不透明的材料，以便与其他部分的灯光搭配； ③实体的部分根据建筑风格选取材料，要求透光性好
河流及小区水景	水景要有流动感，制造出光影效果，用拟真手法制作
楼盘景观	①重点突出景观，体现树木葱郁的感觉； ②楼盘景观带及道路景观采用写实手法制作
区位配套图	在沙盘地势开阔处放置区位配套图，整体采用亚克力材料制作，搭配灯光突显商业氛围
灯光	整体灯光统一，有动感，重点烘托在售部分的建筑及景观
音乐	配上鸟语、流水等背景音乐
底座	采用仿石材、亚克力板、高档木材及金属等材料制作，美观大方、不易老化损坏

6.1.5.6 其他物料

物料是销售案场不会说话的销售道具。销售案场除了常规物料外，还需要哪些，没有绝对的标准法则，可以根据项目特征、区域文化或消费特点，准备创意性物料，如气球、文字条幅、拍照打卡框、儿童涂鸦本、小玩具等。这些虽不是核心物料，但它们也具有媒体化的特征，自带传播属性，能起到宣传的作用。

6.1.6　项目认购管理

项目楼盘在正式发售前处于预售状态，没有现房供有购买意向的客户参观，客户暂时得不到真实体验感。此时只对有购买意向的客户进行预约登记，达成初步购买协议，这个过程便是认购，也称认筹。

认购是项目蓄客的重要方式，是楼盘正式开盘前营造良好热销氛围的重要基础。认筹的方式是客户缴纳足够的定金，就可以获得项目的优先认购权，优先选择心仪房源。

认筹能为项目销售积累第一批种子客户。后续营销模式可以用这批种子客户推动实施"老客户带动新客户"的营销推广策略。为增加认购客户数量，可以举办一些活动，挖掘潜在客户，稳定预约客户，增加客户积累，达到"试水"目的。

6.1.6.1　项目认购的两大前提

认购活动是项目辨别有效意向客户、了解真正的市场需求，测试市场、检验营销策略的最佳试金石。项目开展认购需要两个重要的前提。

（1）提供购房优惠

认购最重要的前提是提供有吸引力的购房优惠，让利给客户，吸引有意向的客户认购。很多房地产项目普遍采用"低开高走"的价格策略。内部认购价一般被认为是项目楼盘最低时段价，优惠可信度比较高。

为保证项目盈利，认购期会严格控制认购数量与起止时间，做到既保证客源充足，又稳固客户信心。

（2）取得预售许可证

按如今的政策要求，房地产项目只有拿到预售许可证才能开展认购活动。一般的房地产项目的进展节奏是在取得预售许可证前3个月具备认购条件。项目的产品认购范围可划定为一期工程的全部或一部分楼盘。

6.1.6.2　项目认购的方式

项目首次推出认购房源时，可采取排队认购、抽签认购和内部认购的方式，也可以根据实际情况采取以上三种方式的组合方式（表6-6）。

表6-6 项目认购的方式

认购方式	操作特点
排队认购	①市场影响大,容易形成轰动效应,带动其他客户购买; ②有利于项目短时间内售罄; ③容易引起市场争议,发生客户抢购同套房源等摩擦事件
抽签认购	①操作上比较正规且公平,容易使用正面报道宣传; ②市场氛围较弱,较难形成轰动效应,不利于促成其他客户购买
内部认购	①能产生市场吸引力,烘托购买氛围,在项目正式开售前获得一批客户; ②容易形成开发企业检验市场、调节销售气氛的套路和方法
组合方式	①实际销售种操作中,可用多种认购方式结合:如赠送少量优先购买权后再与排队认购方式结合; ②多做"很多人争取、要求认购"的市场引导,提升市场热销氛围,引导意向客户前来排队认购

6.1.6.3 制定客户认购流程

房地产项目的客户认购流程,见图6-6。

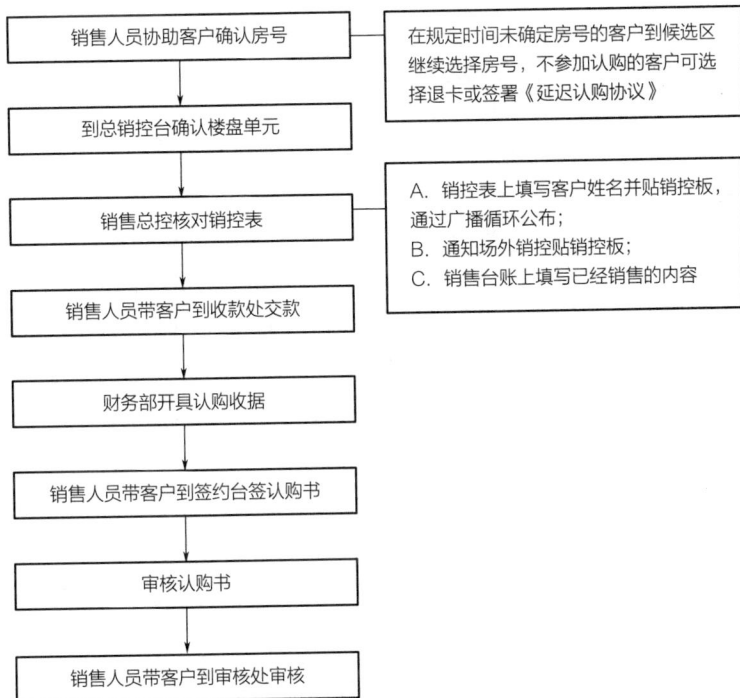

图6-6 房地产项目的客户认购流程示意图

6.1.6.4 签订认购书的注意事项

① 认购书签订后，置业顾问要负责及时通知客户在规定的时间内交款、签订购房合同，并办理购房的相关手续。

② 主动帮助客户备齐按揭资料，约请银行人员到现场办理相关手续，积极配合办理按揭工作。

③ 与客户签订的购房合同，必须由案场秘书统一负责和管理。

④ 签署认购书时，需要请客户认真核对并确认认购书上的认购楼座、单元、总价款和付款时间、方式等。

⑤ 字体一定要整齐、清晰，不得涂改，置业顾问不得私自废除认购书。

⑥ 签署完毕的认购书一律交案场秘书统一保管。

6.1.6.5 完善基本认购条件

项目开展认购前，需要具备一定的基本认购条件（表6-7）。

表6-7 房地产项目需要具备的认购条件

条件要点	细则内容
明确基本认购方针	①以价格换时间，尽早回笼资金或稳定客户群，尽可能去化劣势户型； ②以信誉换信任，优化开发商企业形象，使客户乐于在预售前认购； ③权益换市场，为客户提供机会以增加认购量
项目设计定型	①项目详细规划方案基本确定； ②客户对将来建成的小区总面积、单体及房型有完全认知
项目取得相关文件	向客户出示项目批准、规划、勘察和用地的相关批文
项目建立价格体系	①建立合理的价格体系； ②为客户提供预期增值方案，增强认购吸引力
项目符合有关法规	确保认购行为及有关文件符合现行法律法规

6.1.6.6 制作宣传工具

房地产项目具备认购条件后，开始筹备和制作宣传工具，具体工具可参考表6-8。

表6-8 内部认购阶段的宣传工具

序号	项目	功能作用
1	入口牌楼	①楼盘入口或主要道路入口处搭建大型入口牌楼，如灯光铁架拱门、具有艺术特色的水泥建筑； ②入口牌楼在销售结束后可作为楼盘建筑的一部分保留下来

序号	项目	功能作用
2	施工进度板	简单布置，让人看到楼盘建造进度，树立楼盘形象，增强客户购买信心
3	广告布幅	①项目现场最显眼的包装有商业布幅、文化布幅； ②楼宇一般悬挂能指明栋座方向的布幅，让客户对项目核心信息一目了然
4	指示牌	①等同于路旗的引导作用；形状灵活多样：箭头形指示牌、指示板、三角指示牌、平面指示牌、多面指示牌等； ②设备指示牌方便消费者参观看楼，提醒注意事项，展示开发企业的细心与诚意
5	充气拱门	楼盘销售现场的充气拱门多为红色、黄色，在大型庆典活动及表演现场应用较多

6.1.6.7 合理设计认购方案

从认购实效和可接受程度分析，房地产项目设计认购方案可参考三种方式，并配合使用相应价格策略。

（1）松散型认购方案

松散型认购方案的内容要点如下：

① 认购者初步了解房型、总体布局、价格和面积范围后支付定金，便可签定认购协议书；

② 认购者仅有优先挑选权和享受小幅价格优惠（低于开盘价3% ~ 4%）；

③ 认购者可以无理由申请退款，若届时不接受开盘价或有其他不满意，可在开盘前全额退还定金，认购者权益不得转让。

松散型认购方案的优点如下：

① 对房地产开发企业的准备工作和工程进度要求不高，只需将简易的项目介绍资料和大致的价格范围，稍加准备即可开始；

② 认购的同时可获取广泛的客户反馈信息，房地产企业可以自行调控已认购单元的分配。

松散型认购方案的缺点如下：

① 对认购者无约束，会造成认购水分较大，对有真实购买意向的客户把握不准；

② 实现资金回笼的功能较低。

（2）紧密型认购方案

紧密型认购方案的内容要点如下：

① 认购者对项目楼盘总平面、单体及房型认同后即可认购具体单元；

② 认购书需确定开盘、交房预计日期，确定单价及总价，确定交房基本标准和付款方式；

③ 认购者支付定金签定认购书后，可享受开盘价一定百分比的价格优惠。

紧密型认购方案的优点如下：

① 项目对实际认购总量及预期销售收入均有较大把握，能少量回笼部分现金；

② 此种认购方案能回笼更多资金；

③ 项目如果在建筑设计、施工后期调整过大，致使房地产企业违约，将承担一定的风险责任。

紧密型认购方案里，认购者在接到签定预售合同和交纳首期款通知后未按时签约付款，开发企业有权终止协议，将房屋转售他人，定金不再退还；如果开发企业逾期30天以上才获取预售证，企业仅退还客户定金，不再承担其他任何赔偿；开发企业未经认购者同意将房屋转售他人或对项目进行重大调整，将承担违约责任并双倍返还定金；③认购者不得将权益随意转让。

（3）参建型认购方案

参建型认购方案的内容要点如下：

① 基本条件是价格折扣一般不低于开盘价的10%；

② 要求认购者在认购时支付30%的房款，正式预售时依工程进度付款或办理贷款手续；

③ 房地产开发企业承诺认购者可以将认购权益转让，并配合其办理有关手续。

参建型认购方案的优点如下：

① 能通过宣传房屋权益可以转让的方式吸引一定的房地产消费者，提升整个项目的价格水平，是实现早期资金回笼的最佳办法；

② 认购者回报丰富但投资风险较大，如果对房地产开发企业信任度不足，认购者难以有早期就投入大量资金的信心。

参建型认购方案对项目和房地产开发企业的前期包装要求较高，认购协议需要相应的法律保障。对客户权益转让问题须慎重规划操作方案，避免某个房源价格过低而干扰整个项目的价格体系。

6.1.6.8　明确各类型认购协议的实施目的

根据不同类型的认购方案，房地产项目根据市场和客户，制定不同的认购协议，明确各类型认购协议的实施目的。

（1）松散型认购协议的实施目的

实施松散型认购协议的目的是获取较广泛的客户反馈信息，对甲乙双方基本无约束。因此，松散型认购协议可采用表格的形式。

（2）紧密型认购协议的实施目的

实施紧密型认购协议的目的是尽可能扩大销售目标客户的范围，本类认购协议，通过对双方较严格的权利和义务约束，保证认购客户的谨慎性和稳定性。由于紧密型认购协议，对购买者要求较高，这类协议在制定细则过程中，必须有补充条款，以便认购者对认购有异议时，可在认购者提出异议之后，按银行固定存款利息给予一些补偿。

（3）参建型认购协议的实施目的

实施参建型认购协议的目的是促进房地产开发企业资金回笼，要求制定的项目价格体系，既使认购者有一定利润空间，还能保证项目开发企业的销售利润。

6.2　房地产项目营销的开盘期管理

房地产项目开盘期是项目营销的关键节点。开盘是对项目市场定位、营销推广和所有前期准备工作的集中检验，是房地产企业策略性调节供需关系的有效手段。开盘期也是建立项目品牌和树立市场信心的关键阶段。

控制好开盘节奏，主要是明确以下六项开盘决策：上市时机、开盘目标、开盘范围、开盘时间和开盘选房方式、开盘价格。另外，还要做好营造开盘氛围、筹备开盘物料等工作。

6.2.1　确定上市时机

市场竞争环境决定楼盘上市时机。在同一片区很容易出现众多房地产楼盘同期上市的情况。一旦很多项目同期上市，会出现广告碰撞和广告版面哄抢的局面。确定上市时机遵循两个原则：①楼盘间能形成某种默契，有效回避同规模、同档次楼盘一起上市，引起上市时间、广告投放和价格冲突；②把因为竞争造成的利益、客户、广告、市场信心损失减到最低。

6.2.2 确定开盘目标

开盘目标是指开盘当天的预计成交套数、成交比例，是项目的首个销售目标。确定开盘目标是项目迅速回收启动资金的第一个环节。

（1）确定开盘目标的影响因素

确定开盘目标要考虑以下几个因素：年度销售指标、客户储备情况、项目发展规模及周期、项目首次开盘达到轰动的市场效应（图6-7）。其中，项目发展规模及周期是指项目在不同时期可供应的产品总量。

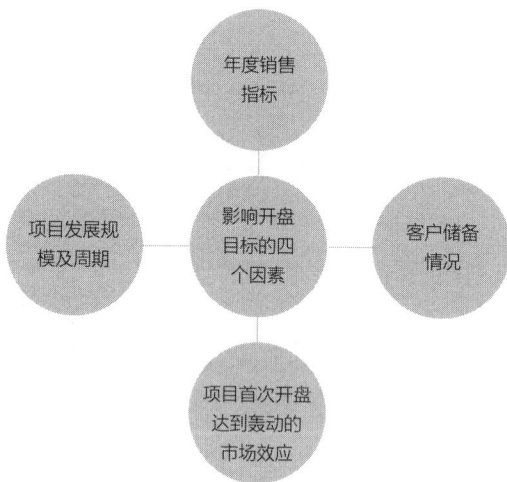

图6-7 影响开盘目标的四个因素

（2）开盘目标的确定方法

开盘目标的确定方法如下：

① 根据各项目开发进度计划，预计各项目的开盘时间和销售周期，再确定开盘目标；

② 根据项目规模、产品类型、开发进度和销售周期，将企业年度销售指标分解为各项目年度销售指标，以此确定项目的开盘目标；

③ 可进一步将项目年度销售指标分解为三个次级指标，即首次开盘指标、若干

次集中开盘指标和日常销售指标；

④ 根据销售周期和市场淡旺季，预计项目可集中开盘的次数，预计每次集中开盘的消化量。

无论采取上述哪种方法确定开盘目标，开盘前都应根据客户储备情况，对开盘目标进行修正和调整。

开盘目标受开盘前期推广与市场客观情况等因素制约，是一个相对客观的数值，需要详细严谨地推算与论证，并非随意制定出来。

6.2.3 确定开盘范围

开盘范围是指在项目开盘时向市场推出的首批可售楼盘的集合。在客户认筹时就要初步框定开盘范围。

（1）开盘范围的确定原则

通过模拟销售控制表掌握客户的分布，在满足策略性销售控制的前提下，推售范围尽可能与客户需求相匹配。一般遵循三项原则：①最大化消化有效储备客户；②最大化实现开盘目标；③最大限度维持价格体系。

（2）开盘范围的确定方法

开盘范围的确定方法，见表6-9。

表6-9 开盘范围的确定方法

确定方法	详情
初定推盘量	根据开盘目标和预期的开盘成交率推算开盘推售数量
初选范围	①内部认购期初选拟推范围，注意好、中、差楼盘的搭配； ②向客户重点推介拟推范围内的产品，进行客户引导和分流
模拟销控	①对外公布价格范围后，对号入座模拟销控，分析客户需求； ②统计拟推范围内的可能成交量
评估与比较	结合客户储备数量和模拟销控，调整初选拟推范围，确定开盘楼盘的范围，并对可能成交量与开盘目标做出评估和比较

6.2.4 确定开盘时间

合适的开盘时间对项目销售起着关键作用，有两个情况需要清楚：

① 开盘过早，会面临客户储备不足的情况，既不能为开盘造势，也难以卖出好价格和数量，为后期销售带来压力，损失销售团队信心；

② 开盘过晚，容易造成客户流失，销售不畅，影响最终的销售业绩。

在实际操作中，一旦发现预先确定开盘时间没有占尽天时地利人和之势，可适度推迟开盘时间。

6.2.4.1　开盘时间的影响因素

确定项目开盘时间的三个基础条件：①取得政府预售许可文件；②具备良好的前期推广条件；③有充分的客户储备。

还有三个市场因素影响项目开盘时间：目标客户的购房习惯、市场竞争情况和项目筹备进度（图6-8）。

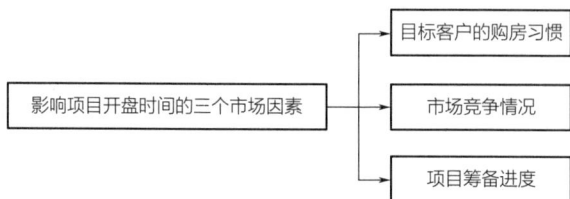

图6-8　影响项目开盘时间的三个市场因素

（1）目标客户的购房习惯

春节至清明节期间一般是销售淡季，5～6月是成交旺季，再经过7月的调整后，迎来下半年的销售旺季，房地产销售行业有所谓的"金九（月）银十（月）"之说。需要注意，北方地区，由于冬天多低温风雪天气，楼盘施工与销售会受到一定影响。

（2）市场竞争情况

选择在市场竞争激烈，本区域市场整体楼盘供应量大时开盘，楼盘销售难度会增大。确定楼盘开盘最佳时机前，要做到三点：①准确分析市场竞争情况；②了解同区域竞争楼盘供应数据；③了解本区域竞争对手楼盘的销售速度、销售量。

（3）项目筹备进度

一个项目可以根据规划设计、工程施工与销售筹备等工作的进展情况确定楼盘的开盘时间。如果工程进展到可以公开售楼，但市场时机不成熟，也不要急于开售。要等待一个恰当时机，保证开盘即售罄的良好开局。

楼盘开盘时间有以下七种时机可选择（图6-9）。

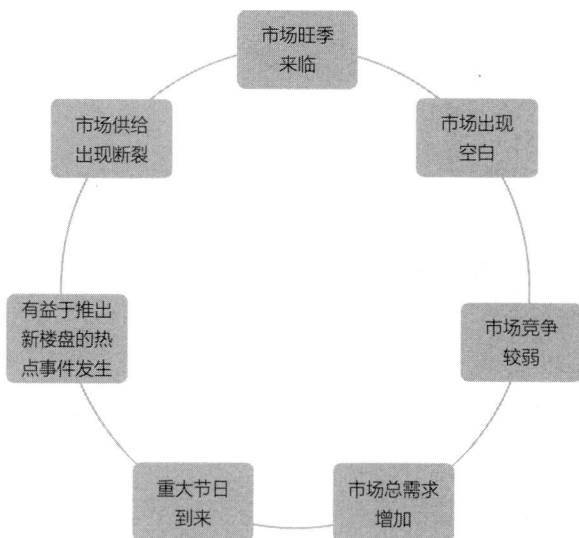

图6-9 楼盘开盘的七个最佳时机

6.2.4.2 开盘入市策略

"金九银十"、七天小长假，这类市场验证过的全新楼盘开盘入市的黄金时期不要错过。项目开盘入市的三大策略，见图6-10。

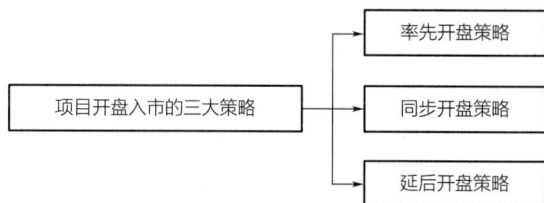

图6-10 项目开盘入市的三大策略

（1）率先开盘策略

率先开盘策略是指抢在区域内其他项目之前先行开盘，以获得抢占市场先机的优势。多用于同质化竞争项目，即竞争楼盘与本项目楼盘比较相似。

（2）同步开盘策略

同步开盘策略指选择与区域内其他项目同时开盘入市，以便共同分担促销成本，获得产品互补优势。这个策略一般适用于差异化竞争项目，即与竞争楼盘有较大差异的项目。

（3）延后开盘策略

延后开盘策略是指在区域内其他项目入市后再开盘。通过观察其销售策略的优缺点，针对自身项目情况及时进行修改，获得降低市场风险的优势。这种策略适用于大规模项目或产品有特殊性的项目。

6.2.5　确定开盘选房方式

在开盘认筹期，一般不对外公布开盘选房方式，而是根据实际认筹情况确定最终选房方式。常用的开盘选房方式有三种：排队选房、摇号选房、排号选房。

（1）排队选房

排队选房是指提前告知客户选房的具体时间，客户按到达开盘现场的先后顺序选房，是早期流行的开盘选房方式，能制造售楼处销售火爆的氛围。现在这种方式较少采用，尤其在房地产市场观望情绪较重或推出高端楼盘时，较少采用此种方式。

为维护开盘选房的现场秩序，在开盘当天设置临时排号，客户按签到顺序领取临时号，按以下流程选房（图6-11）。

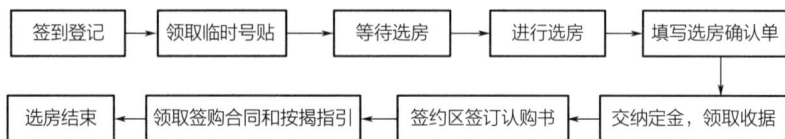

图 6-11　排队选房的流程示意图

要特别注意两个管理要点：①开盘现场要为客户提供便利服务，以免客户有不满情绪，避免发生纠纷；②有处理突发事情的预案，一旦出现现场秩序失控，要处理得当，不激发客户与开发企业间的矛盾。

（2）摇号选房

摇号选房是指在开盘现场，通过公开摇号或抽签方式确定客户购房顺序，再按顺序让客户逐一进场选房。由于摇号选房客户数量众多，现场氛围火爆，是当下不少楼盘普遍采用的选房方式。

很多房地产项目都会采用饥饿营销手段，即先推出限量房源，等待认筹客户数量远超过推出房源的数量时，一般比例不低于1.5：1，再采用摇号选房方式。这样既可以体现认筹的公平与合理，还能让客户凭运气选房。

为不造成客户流失，还能根据客户意向，灵活把控摇号局面，使更有意向的客户先摇到号，挑选到心仪房源。摇号选房的流程，见图6-12。

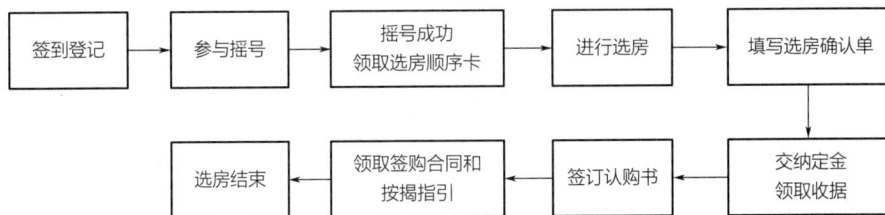

图 6-12 摇号选房的流程示意图

对摇号选房，可以提前将认筹客户分组，每组人数控制在8～12人。开盘现场通过公开摇号（或抽签）确定各组别进场选房的先后顺序，同组内客户按交纳定金的先后顺序选房。

（3）排号选房

排号选房是根据客户认筹单上的编号顺序选房的一种开盘方式。保证早期认筹客户优先选房，挑到中意房号，让后期认筹客户也有一定的选择空间，促使开盘顺利进行。此方式适用于房源充足，客户选择余地大的楼盘。

这种方式的流程与排队选房方式的流程类似：客户领取开盘前认筹阶段确定好的号贴，按流程选房（图6-13）。

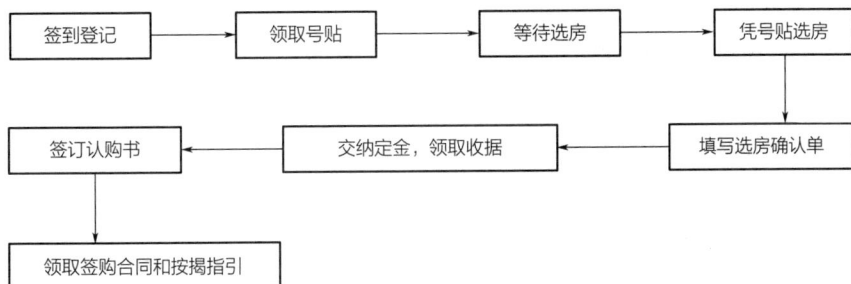

图 6-13 排号选房的流程示意图

6.2.6 确定开盘价格

开盘定价是楼盘销售中的重要环节，包括制定开盘均价和各户型的具体价格。通常步骤是先制定开盘均价，再根据价格系数制定各户型的具体价格。制定开盘价格前，先考虑三个要素：成本、客户和竞争者。通常采用以下流程进行（图6-14）。

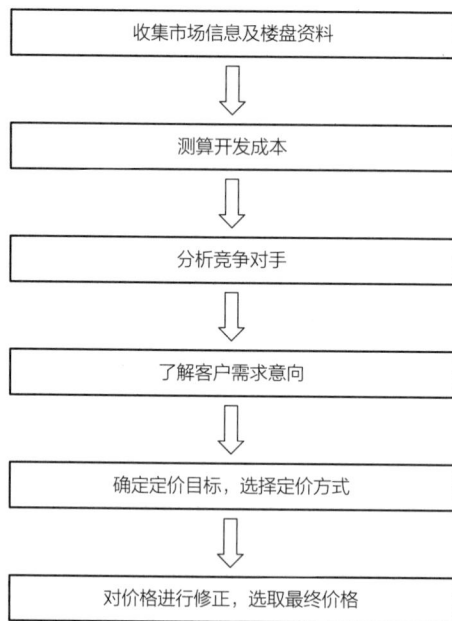

收集市场信息及楼盘资料

⇓

测算开发成本

⇓

分析竞争对手

⇓

了解客户需求意向

⇓

确定定价目标，选择定价方式

⇓

对价格进行修正，选取最终价格

图6-14 确定开盘价格的基本流程示意图

6.2.7 营造开盘氛围

开盘氛围的营造本质上是为销售服务的，是指通过一些营销活动，为开盘现场提供良好的背景环境，营造热烈的开盘销售氛围。一般从两方面着手。

（1）现场包装氛围营造

开盘期现场包装氛围营造区域包括：样板房、看楼通道及售楼处等（表6-10）。

表6-10 现场包装氛围营造的内容

包装对象	具体内涵
样板房	便于客户到达，是展示项目价格的标杆产品
看楼通道	将卖点与看楼体验相结合，感性文字与箭头导示结合，全方位渗透项目卖点，清晰引导看楼客户
售楼处	装修注重细节化，突出风格，与项目品质挂钩
工地现场	整齐有序，避免杂乱无章，以免客户对建筑质量产生疑虑
其他辅助装饰	根据实际情况增设其他装饰，如升空气球、充气拱门

此外，还采用一些辅助措施来营造热销的场面，如现场播报和成交报喜，旨在使销售现场形成紧张气氛，促进交易。另外，还要保证随时调整现场布置的灵活度。如某项目洽谈区有12张谈客桌，由于市场转淡，立马撤掉3张，始终保证每张桌都有客户在谈，一直保持卖场供不应求的气氛。

（2）活动热闹氛围营造

通常，开盘现场可分为内场、外场，其中内场以选房、成交为主，外场以活动为主，按照内外场不同的设置，引导客户进入签约环节。两者之间的动线设置关键在于使客户行走方便，必要时用隔离栏、屏风等物料加以区隔、遮蔽。还需注意一些细节问题，如选房客户与未选房客户之间的动线不交叉，新老客户的动线互不干扰。

为了形成客户簇拥的现象，实际操作时可合并管理内场、外场。注意现场的治安和安全，不能让客户感到不适。

6.2.8 筹备开盘物料

筹备开盘物料时可按开盘的各个环节列出物料清单，再安排人员购置与清点，落实到具体负责人，确保相关物料在开盘前准备到位（表6-11）。

表6-11 房地产项目开盘前的物料清单

物料项目	物料内容
认购须知	认购须知书
客户签约文本	认购书、合同统一文本
现场销售物料	模型、洽谈桌椅、等候桌椅、服务台、销控板等
销售宣传资料	楼书、宣传单张、户型单张等

物料项目	物料内容
设备类物料	电脑、打印机、复印机、验钞机、POS机、保险箱、麦克风、扩音器等
文具类物料	打印纸、笔、不干胶、电池等
食品类物料	为客户及工作人员准备的食品和饮料等
宣传类物料	空飘、喷绘等

房地产项目开盘涉及很多物料，除以上列表所示的物料分类方法，大体上还可分为三种：销售文件及资料类物料；广告宣传展示类物料；活动随手礼类物料。

6.2.8.1 销售文件及资料类物料

销售文件及资料包括：商品房销售（预售）许可证、楼书、认购书、按揭协议书、买卖合同、售楼指导书、楼盘表、售价表等。

6.2.8.2 广告宣传展示类物料

广告宣传展示类物料类型较多，一般分为室外展示物料和室内展示物料。

（1）室外展示物料

室外展示物料主要包括：售楼处形象墙、大门外气球拱门、楼栋布幔、售楼处导视牌、盆景花卉等（表6-12）。

表6-12 室外展示物料清单及其要求

类型	具体内涵
售楼处形象墙	①项目标志、销售中心形象墙等； ②设计须大胆、新颖、有效，展示项目楼盘的形象和卖点
大门外气球拱门	布置在营销中心门前、工地现场门前、各主要路口
楼栋布幔	布置在营销中心正门前上方和酒店大门正上方
售楼处导视牌	①设计先于服务客户，与营销中心颜色相称； ②设计体系能体现项目特色和内涵
盆景花卉	分别摆设在售楼处大厅各角落，增加视觉美感、净化空气，烘托亲切氛围

（2）室内展示物料

售楼处的室内布置要清新宜人，需要动用灯光、色彩、音乐、摆设、植物和展板等一切方法渲染出旺气、平和之气。

室内布置所用物料一般包括：精美沙盘、广告展板、功能牌、售楼人员胸卡、售楼人员名片等。精美沙盘需尽量靠近洽谈区，最好设置在进门能看见的位置，通过立体效果制造销售氛围；广告展板应尽量体现项目卖点，在艺术表现方面可以生动、形象、有创意；售楼处灯光要温馨，如暖色调灯光，保证灯管正常照明，光线明亮，前后通透。如果样板房现场与售楼处有一定距离，需提前备有充分的看房车，方便客户随时去现场看房。

6.2.8.3　活动随手礼类物料

给客户的礼物要精心选购，体现礼轻情意重。一件小小的随手礼能拉近与客户之间的距离。房地产项目面对的一般是一个个有老人、小孩的家庭，活动随手礼的选择范围很广，如牙刷消毒盒、杯子、抱枕，还可结合项目主题特色精心定制。

6.3　房地产项目营销的强销期管理

强销期一般在项目开盘至开盘后两个月间出现。此阶段项目销售已进入高峰期，市场接受度高，消费者认知度也高，楼盘成交量明显放开。此阶段的项目已走向成熟，可以做进一步的策略调整，以争取销售利润最大化。

6.3.1　房地产项目强销期的工作要点

（1）市场调研分析

在强销期开展的市场调研，是为解决项目销售不均衡而采取有侧重点的市场调研活动。在产品销售不达标时，尤其需要对目标客户及目标客户的潜在需求进行二次定位，主要包括七类定位研究：功能再定位、价格再定位、服务再定位、广告再定位、公关再定位、目标市场再定位、产品形象再定位。

这个阶段的市场调研工作，要认真研究来自方方面面的市场信息和动态，通过调查分析宏观政策、行业调整政策、金融政策、消费趋势、消费者心理活动等，发现消费者的诉求点、满意点和不满意点，根据项目相关工程提出的明确要求，调整项目推广策略。

（2）案场管理

在项目强销期里，案场管理主要包括三类。

① 日常销售工作管理：来访客户接待、客户邀约、销售人员上岗时间排班、置

业顾问行为规范准则、销售例会制度检查。

② 客户拓展及销售类工作管理：案场卫生、员工士气、接待质量、来电来访登记、客户回访率、客户满意度等方面。

③ 销售数据及档案管理：合同管理、样板间、行为规范、数据录入管理、退房、换名、退定等。

（3）销售回款管理

项目强销期不仅要提升合同销售额和市场占有率，还要关注销售额成长的质量，即销售款的回收比例。有两项工作不可忽视：按揭和违约月供收取。

销售部应对形成按揭办理及后期违约月供收缴的标准流程，制定相应管理细则。

（4）客户服务管理

购房合同签订后，客户就正式成为业主，客户服务部门应把与业主关系的维护视为一项重要工作，定期向业主提供相关服务，并保持长期服务的概念，不能等客户签约完成后就置之不理。购房合同签署后的六大客户服务内容，见图6-15。

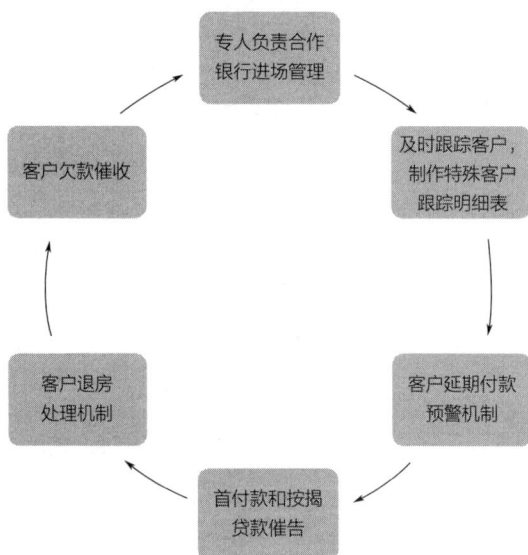

图 6-15 购房合同签署后的六大客户服务内容

即使交房期内客户按揭款没到账，或业主入住后，也要与业主保持良好沟通，如节假日表达问候，主动通知业主参加相关的节假日活动或业主联谊类活动。

6.3.2 房地产项目强销期销控放量策略的调整

销控即销售控制，指控制一个项目楼盘销售的推进节奏。一个楼盘刚开盘就被一抢而空，不是一件好事，说明项目定价偏低，房地产企业无法得到最高的销售收入。因此，项目销售要控制节奏。

到了项目强销期，楼盘销售节奏控制应该做到：①根据开盘热销期的销量情况、市场变化情况，对原计划供给比例进行调整；②有效控制房源，保证面积、朝向、楼层等不同产品保持合理的销售比例；③项目销售应实现均衡销售，取得更好的经济效益。

6.3.3 房地产项目强销期营销策略的调整

营销的终极目标是将产品卖给市场上的消费者，但是，"市场"和"消费者"都是不断变化的，尤其是在项目强销期，一面是经过密集推广、产品销售如火如荼；另一面是市场宏观和微观环境不断变化，客户需求敏感点在变，客户体验感也在变。营销工作要配合销售的节奏和目标，随时随地掌握精准匹配目标客群需求与楼盘价值点的实战方法，依据开盘情况、产品情况、客户情况、市场情况，去调整项目的营销策略。

6.3.4 房地产项目强销期价格策略的调整

6.3.4.1 价格下调

经济低迷，整个市场不景气会造成价格下调。但是，房地产开发企业通常不会直接宣布楼盘价格下调，因为容易造成产品存在缺陷的猜测。实施价格下调，要以维护项目正面形象为第一目标。房地产项目价格下调的四类原因，见表6-13。

表6-13 房地产项目价格下调的四类原因

下调原因	具体内涵
项目销售停滞不前	项目进入持销期，销量无法获得突破，销售目标遥不可及
同行业竞争极为激烈	相对于竞争对手，本项目呈现销售滞后状态

续表

下调原因	具体内涵
企业资金周转不灵	①企业资金周转压力大，其他营销手段无法实现销售目标； ②企业无法进一步扩大业务，只能通过降低价格提高销量
提高市场占有率	主动降价提高市场占有率

6.3.4.2　价格上升

价格上升，说明物有所值，是正面可喜的消息，往往会被大张旗鼓地宣传，暗示项目未来上涨趋势，吸引更多的客户尽快购买。强销期价格上调的方式，一般会通过加推优质户型实现。

6.3.4.3　其他价格调整方式

除了价格直接上涨或下调，项目价格调整还有以下两种方式（图6-16）。

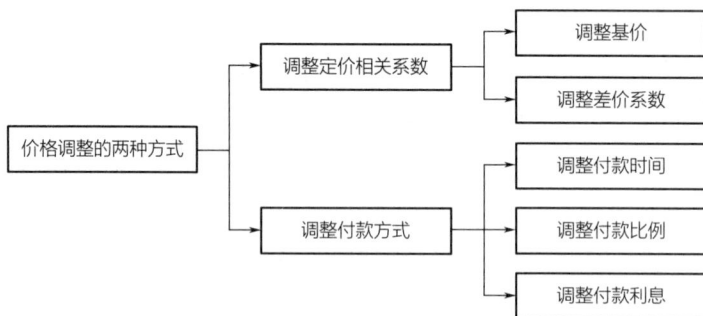

图 6-16　房地产项目价格调整的两种方式

（1）调整定价相关系数

房地产项目的销售定价，通常在基价基础上制定不同的差价系数，确定不同楼栋、不同单元的价格，各楼栋、各单元的价格则根据房屋基价加权所制定的差价系数计算。

不同楼栋、不同单元间因为存在差异，价格调整后被市场接纳的程度会和预期不一致。因此，强销期要根据实际销售情况调整基价和差价系数，避免随意性。

① 调整基价。基价是指经过科学测算确定的楼盘每平方米的基本价格，是制定所有楼盘单元价格的计算基础。基价调整是指对一栋楼宇的计算价格进行上调或下调。基价调整意味着所有单元的价格要一起参与调整。这样一来，每一单元楼盘价

格的调整方向和调整幅度都能保持一致，即能统一应对市场总体趋势，从而保证整个楼盘价格的稳定。

②调整差价系数。根据楼盘的实际销售情况，修正原先设定的差价体系，将畅销单元的差价系数调高一点，滞销单元的差价系数调低一点，以均匀调整各种类型单元的销售比例，适应市场对不同产品的需求。

（2）调整付款方式

按揭形式的付款方式，本质上是楼盘售价在时间上给消费者的一种价格折让，付款方式从本质上说也能对楼盘价格起到调整作用，只是这个调整的效果较为隐蔽。

付款方式有三大要件：付款时段的确定和划分；每个付款时段的款项比例分配；各种期限贷款利息的高低。我们所说的付款方式对价格的调整，就是通过调整这三大要件来实现（表6-14）。

表6-14　通过调整付款方式降价的手段

方式类型	内容
调整付款时间	①总付款期限的减少或拉长； ②各阶段付款时间向前移或向后移
调整付款比例	①各阶段付款比例定为前期高、后期低； ②付款比例各阶段均衡分布； ③各阶段付款比例定为前期低、后期高
调整付款利息	使用"免息供楼""首期零付款"等策略，实现用调整利息，降低楼盘价格的意图

一般而言，房地产项目不轻易调低价格，容易引发已购房屋业主的不满，也影响项目的社会声誉。

6.4　房地产项目营销的持销期管理

项目持销期一般是指项目开盘强销期之后的几个月。持销期的楼盘成交量逐渐回归平稳。持销期与强销期的营销推广一样，也是重要的营销时期，此阶段对项目的最终销售有很大影响。

6.4.1　房地产项目持销期的营销要点

项目进入持销期其实已经开始向尾盘过渡。此阶段的项目销售总量剩余不多，大多数较好户型、较好位置的产品都已销售完毕。持销期的营销，应结合剩余产品的户型、位置等实际情况和市场现状，制定新一轮的价格方案，参考前面阶段的销售问题和经验，调整销售策略，继续用老客户带动新客户，持续满足不同客户的需求。项目持销期的六大营销要点，见图6-17。

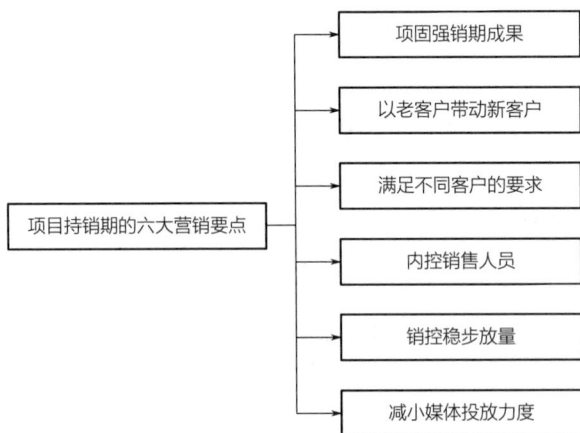

图 6-17　项目持销期的六大营销要点

（1）巩固强销期成果

持销期一般不再投入太多的广告和举办促销活动，而是以巩固强销期成果为主要销售任务。这个阶段的目标客户是消化那些知晓项目信息较晚并在过往各销售阶段未买到合适户型的客户。这部分客户，是持销期和尾盘期最主要的目标客户，销售人员需要耐心追踪，直至达成销售。

（2）以老客户带动新客户

项目持销期需设置专门的老带新维系团队，进行专人维系以维护项目与老客户间的关系，如设置专属管家，集中加上所有业主微信，积极回应业主问题。

本阶段强力宣传并贯彻老客户带动新客户的政策，并予以一定奖励，促进引发新客户的购买行为。

（3）满足不同客户的要求

持销期作为向尾盘期过渡的销售时期，产品在户型方位和面积上的优势不能与前期产品相提并论。因此，需尽量提供更多优惠和服务条件，引发不同类型客户的购房动机。方式可以是实行价格优惠、改造门窗和改造非承重隔断墙、减免物业费等。

（4）内控销售人员

持销期销售人员的工作方法和技术需要修正，不仅要调整主管及团队成员的工作状态，还要总结项目开盘以来的工作得失以及成功经验，对业绩不合格且士气低下损害项目及企业品牌声誉的销售人员，可调岗或解除聘任，以降低项目运营成本。

（5）销控稳步放量

进入持销期后，项目销量相对平稳，销控原则是稳步放量。在对前期阶段总结修正的基础上调整销售策略，在项目工程进度、项目整体形象及客户购买心理方面，及时调整广告及销售策略。

（6）减小媒体投放力度

广告宣传在持销期阶段基本上保持收缩状态。除了通过行销人员一对一行销和网络宣传推广外，可以暂不增加其他形式的广告投放。

6.4.2 房地产项目持销期的价格调整策略

开盘强销期之后，项目进入成熟阶段，销售量趋于平稳，客户消费行为明显理性化。持销期是项目调整价格的关键时期。经过开盘期和强销期，根据项目所处的市场状态、与竞争项目相比的优劣势，结合项目利润率，得出持销期的价格调整策略（图6-18）。

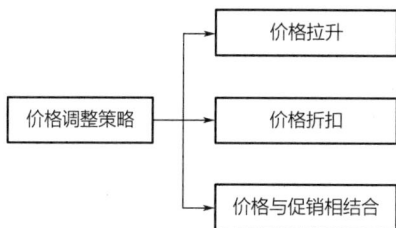

图6-18 项目持销期的价格调整策略

（1）价格拉升

开盘热销期之后，如何在不损失客户的情况下拉升项目楼盘价格，考验的是项目团队的专业控盘能力。拉升项目价格能对客户产生刺激作用，便于推动销售。实际操作中，小幅度多频次拉升价格，如每月上涨100元/平方米，也可以大幅度低频次拉升价格，如一次性提价1000 ～ 3000元/平方米。

（2）价格折扣

做项目价格拉升要同时配合使用价格折扣策略。为实现项目资金的快速回笼，本阶段可分类采取优惠政策：

① 对一次性付款的客户给予一定优惠折扣；

② 对按揭付款的客户不给予任何优惠折扣；

③ 对二次购买本楼盘产品的老客户，可实施奖励性大的折扣优惠措施。

（3）价格与促销相结合

将项目价格和促销优惠结合起来，使项目价格成为促使客户签约的工具。策略可以是：一口价、周年庆、总经理接待日特别优惠、特价房、消盘大行动；首付一成交房、18个月免息付款、免月供、送装修、送汽车、送车位、送3年物业管理费等。

6.4.3　房地产项目持销期的推广调整策略

项目持销期可通过多批次开盘、加推新产品等方式推售，结合推售产品制造话题。确定好推售节奏后，还需让潜在目标客户了解项目所推产品的信息，根据推售产品做推广、推售，销售效果才最佳。持销期推广调整策略的四点内容，见图6-19。

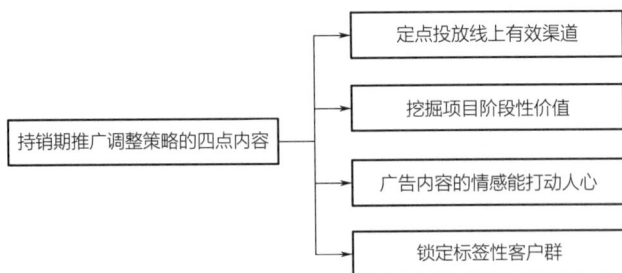

图6-19　持销期推广调整策略的四点内容

（1）定点投放线上有效渠道

许多线上看房网站是房地产项目消化房源非常有用的渠道。目前比较活跃的网站有安居客、搜房网、贝壳网等专业房产信息平台。一个项目经过一段时间的推广和销售，对所有线上渠道的真实和有效性有一定的把握。项目进入持销期后，可继续在这类有效渠道上定点投放广告，进一步吸纳潜在目标客户。

（2）挖掘项目阶段性价值

挖掘项目的阶段性价值也是促销的重要手段。可以利用的项目卖点是：①用"项目产品价值＋业态优势＋销售节点推广口径"，形成项目阶段性卖点，再次挖掘市场潜在客户；②可以从投资价值、核心景观、超长楼间距、园区配套、医疗教育等卖点做文章，在线上发动多轮推广；③搭配项目的阶段性定位，形成本阶段推广的重点和体系化推广的节奏。

（3）广告内容的情感能打动人心

房地产项目的线上推广不宜推行"低价直给"策略。因为一开始就降低客户预期，稍有不慎就容易误入销售雷区。

如果项目自身在价格上有优势，销售人员可以把竞争对手的价格传递给目标客户，将价格传达给房产中介，利用中介带来客源。

如果不宜采用和竞争对手硬拼的价格策略，利用推广内容具有情感打动力的广告才是王道。另外，本阶段紧跟时事热点，结合时事热点为项目增加推广力度，吸引流量。

（4）锁定标签性客户群

在项目销售过程中，如果客户群体的身份标签非常统一，则需针对这类客户群体再进行一系列推广，深度挖掘这个群体购房时最关注的重点，在推广策略上对症下药。

6.4.4 房地产项目持销期的客户储备策略

客户营销最终目的都是把客户带到现场去促成成交。客户到了销售现场，售楼处和销售系统才可以发挥作用。持销期的专项推广相继开展后，需要强有力的客户储备。可以借助多种通路，如中介分销、社区及片区团购、网上订房、直播订房等方式，增加客户到访率，提高项目成交可能性。对这个阶段的客户进行分类管理与维系，能增加项目对客户的精准描摹，以点带面，增加客源。

6.4.4.1 中介分销

在房地产营销工作中，分销是不可或缺的一环。分销渠道是房地产销售最有效率的组成部分。项目启动中介分销，是针对优势资源进行的优势分销。可以采用特殊中介给予特殊折扣房源等方法，为项目持销期带来客流量。

（1）直接分销

直接分销是指房地产开发企业直接把产品销售给消费者，不经过任何中间环节。比如，传统房地产开发企业通过在售楼处组织销售人员自建渠道团队等方式获取客户。

（2）间接分销

间接分销，也叫委托销售，是指房地产开发企业经过中间环节把产品销售给消费者，包含至少一层中间商，这个中间商可以是企业，也可以是个人，中间商赚取的不再是差价而是佣金。其销售方式有代理销售、老带新奖励、全民营销、二二联动、二三联动等。

6.4.4.2　组团销售

用组团销售的方式销售房子，其操作步骤为：①根据项目产品业态，集中具体楼栋和面积等关键产品因素，制造促销节点，匹配专属房源，建立阶段性主力销售产品组合；②对房源进行优惠包装，巧定"性价比"为每个客户提供专属房源，增加一对一销售的力度；③将已销售房源价格和目前在售房源价格进行总价对比，使客户清晰了解当前房源价格的优惠力度，并告知客户房源价格的有效截止时间，强化购买时机。

6.5　房地产项目营销的尾盘期管理

对房地产开发企业来说，项目推进到尾盘阶段，大部分项目成本都已投入，前期销售也收回主体成本，尾盘实现的销售，绝大部分属于企业利润。尾盘销售的好坏决定了项目利润的高低。快速清除尾盘房源，是操作整个项目的点睛之笔，也是谋求利润的关键一招。

6.5.1　房地产项目尾盘期营销分析

项目尾盘一般指楼盘销售率达到70%左右时，对所剩楼盘的称呼。一般来说，每个项目在完成集中交房且回收销售金额超过总目标的95%时，便进入尾盘阶段。

项目楼盘销售前期，市场变化多端，客户变化不定，房地产开发企业无法把销售控制做得尽善尽美，也不可能提前制定出合理价差。加上所有楼盘的销售人员，都急于追求销售业绩，一味推荐客户容易接受的好户型，对朝向偏差、户型偏大、总价过高的产品没有进行很好的引导，导致尾盘产生。

房地产项目的尾盘可分为七种：自然尾盘、产权尾盘、自留尾盘、炒空尾盘、"误诊"尾盘、"延迟"尾盘和产品滞销尾盘（图6-20）。

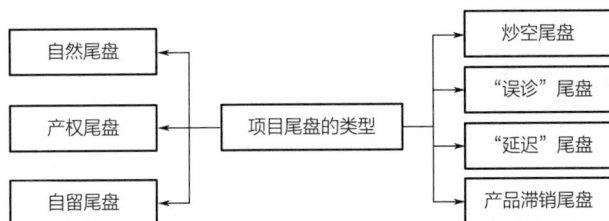

图 6-20 房地产项目的七种尾盘类型

6.5.1.1 自然尾盘

自然尾盘是最常见的项目尾盘类型。市场上几乎每个楼盘都存在这一类型，是处于清盘状态的项目单元。产生原因一般有两个：由于房地产项目进入收尾阶段，广告信息传播由硬性广告转向软性口碑，是人气渐渐趋淡造成；项目接近尾盘阶段时，楼盘销售业绩已越过盈亏平衡线，销售压力减小，项目对销售投入的人力、物力减少。

6.5.1.2 产权尾盘

产权尾盘又称纠纷尾盘，有其自身的特殊性，是产权关系发生转移和变化而产生的积压。比如因为抵押材料款、充当工程款、不良资产置换，合作各方协议分房等。

一个项目的这类尾盘，如果数量相对较多，加上销售权已经从企业分离出来，极容易造成恶性竞争，引起价格战，对房地产企业的品牌、声誉及客户关系都存在危害性。

6.5.1.3 自留尾盘

自留尾盘一般是房地产开发企业在项目不成熟阶段经常出现问题时剩余的楼盘单元。在销售前期，销售势头火爆，部分房地产开发企业会产生奇货可居的念头，喜欢将好的单元、总价高的单元留下来，自留或待价而沽。后因市场回落或竞争压力急剧增大，而形成积压楼盘。

6.5.1.4　炒空尾盘

炒空尾盘是房地产开发企业在市场不成熟阶段常出现的一种尾盘。房地产投资客户在低价位时买进，高价位时卖出，会让楼盘价格越过市场临界点，房地产项目里的中高端产品因为人为抬高，其价位已超过消费者心理预期的门槛，炒空尾盘指的就是这个原因被剩下的楼盘单元。

6.5.1.5　"误诊"尾盘

"误诊"尾盘主要是指由于项目营销判断不准，策略发生了偏离和失误而产生的。

项目营销策略发生偏离与失误的五个表现，见图6-21。

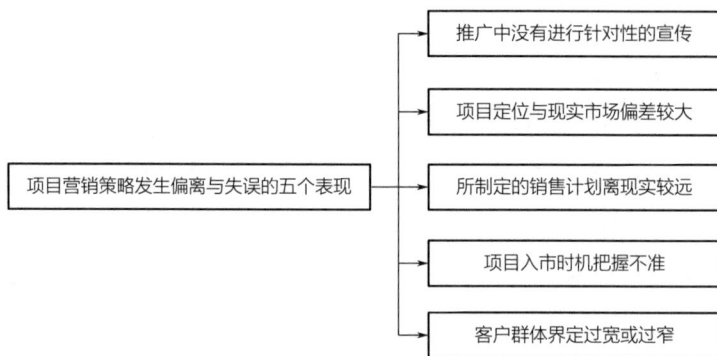

```
                                    ┌──────────────────────────┐
                                    │ 推广中没有进行针对性的宣传 │
                                    └──────────────────────────┘
                                    ┌──────────────────────────┐
                                    │ 项目定位与现实市场偏差较大 │
                                    └──────────────────────────┘
┌──────────────────────────┐       ┌──────────────────────────┐
│ 项目营销策略发生偏离与失误的五个表现 │───│ 所制定的销售计划离现实较远 │
└──────────────────────────┘       └──────────────────────────┘
                                    ┌──────────────────────────┐
                                    │ 项目入市时机把握不准       │
                                    └──────────────────────────┘
                                    ┌──────────────────────────┐
                                    │ 客户群体界定过宽或过窄     │
                                    └──────────────────────────┘
```

图6-21　项目营销策略发生偏离与失误的五个表现

从整体营销策略上看，"误诊"尾盘出现的原因有以下四个方面：

①推广传播针对性较弱，目标诉求力度不足；

②房地产市场整体不景气，竞争比较激烈，市场消费力不振；

③项目营销趋于平庸，无法凸显项目的差异性；

④销售环节执行力薄弱，售后服务落后。

6.5.1.6　"延迟"尾盘

房地产是投资大，周期长，回报慢的行业。如果房地产企业经济实力不足，缺乏充裕资金保障项目工程顺利进行，会出现延缓交楼、销售进度缓慢的情况，为此产生的尾盘称为"延迟"尾盘。这种尾盘在社会上负面影响较大，重新盘活的难度较大。

6.5.1.7 产品滞销尾盘

滞销原因来自产品自身，此类楼盘有两个特点。

（1）产品质素好，但价格较高

由于市场上一部分目标客户承受能力弱，只能选择质素差或楼层差的单元，导致质素较好但价格高的部分被留下。基于这个原因产生的尾盘特点如下。

① 产品质素较好，但价格较高；

② 户型过大，总价过高，导致市场有效需求缺乏。如有些定位为中档的项目，其顶层为大面积复式，总价不被目标客户所接受，这类尾盘产生的原因是前期产品定位的失误。

（2）尾盘产品质素较差

尾盘产品质素较差，原因是：

① 市场客户承受能力较强，客户重视质量而非价格，首选质素好的产品；

② 项目在前期销售阶段没有拉开优劣产品的价格，导致客户集中选择质素好的产品，质素差的产品被剩下。

6.5.2 重新定位市场和产品

尾盘是项目销售最后阶段的产物，数量虽然较少，但确是较难销售的单位，加上项目后期营销费用缩减，即无法借助轰炸式广告宣传，也无法通过运作市场撬动销售。

作为任何一个项目的尾盘，第一目标永远是快速收回资金。清理尾盘的营销思路是在分析各类尾盘产生原因的前提下，重新定位市场和产品，找出消化尾盘的最佳方案，实现项目资金回笼。

一般的项目尾盘，都没有重新开盘的营销支持，消化尾盘最好的办法是分析尾盘产品，使用逐个击破的战略技术。针对尾盘重新定义市场，重新界定目标客户群体。对每一套剩下的房子仔细研究，找出每套单元的问题点，有针对性地寻找解决方法。在条件允许的情况下，进一步改进产品不足。

6.5.2.1 寻找尾盘新优势

虽然尾盘期项目自身存在各种不足，但尾盘销售仍要始终保持不断放大项目优势的整体销售策略，将产品特征转化为销售力，寻找尾盘独特优势。

（1）现房优势

尾盘都是现房，可以向客户传达"没有期房担忧，直接体验现房"的概念，吸引客户实地体验房屋、社区环境、生活配套是否便利等，触动客户的购买意愿。

（2）配套设施成熟优势

一个楼盘项目到了尾盘期，楼盘物业管理设施及各方面的磨合已达到一定成熟度。楼房质量、社区园林、物业管理问题、开发企业与配套部之间的合作问题都是相对透明的信息，客户更容易对楼盘产生清晰的感受和评判。

6.5.2.2　挖掘尾盘新卖点

营销团队处理尾盘前，需要密切关注五类市场信息：政治经济形势、行业变化趋势、城市产业结构调整趋势、城市规划动向、楼市变化等。让提炼出来的新卖点贴近市场，与时俱进。

6.5.2.3　改善尾盘的劣势

面对尾盘，先找出产品问题所在，设法改进产品，才能在影响推广上有的放矢。建筑类产品的特性使现房改动困难较大，产品调整空间有限，但仍存在可实践的方法：

① 迎合购房者的喜好，将复式改为平层，四房改为三房，阳台改为空中花园等；

② 对现房的功能可以进行一定延伸，如将合适地段、合适户型的现房转为长租公寓，养老产品推广为长期持有；

③ 重新定义市场，改进产品，在产品软性条件上加以改善，比如提高社区的智能化、健康化，提高服务等方面的质量。

6.5.3　优化推广宣传策略

很多尾盘问题来自客户对尾盘信息了解匮乏，缺乏对尾盘的正确了解。针对这类客户，营销部需要反复研究尾盘市场，为尾盘提供一个健全的信息发布渠道，让客户及时得到相关购房信息，加深认识。

项目尾盘期，目标客户大多存在于项目周边。广告推广无须利用大众媒体宣传，适合走精确路线，以针对性、吸引力和有效性为目标，用最低推广费用取得最好销售业绩。

（1）尾盘广告投放调整

尾盘期产品数量不多，推广费用有限，销售制约因素很多，必须适时调整尾盘广告策略，注重与目标客户群的感情沟通。尾盘广告策略应清晰展示项目的本身特征，利用亲切温馨的生活画面，增强与客户沟通的亲和力。在有针对性的媒体上集中宣传，给客户留下深刻印象。

（2）尾盘活动推广调整

尾盘适合低成本推广模式，以小型促销活动推广为主。以先为项目带来一定批次的看房客，带动销售和人气为主要目标。

（3）重新包装售楼处

结合尾盘现房特性，重新包装售楼处。具体思路可以有以下几方面：

① 用全新的主题让消费者产生新鲜感，赋予楼盘新的生机和活力；

② 宣传上着力打破老客户对售楼处的固定印象；

③ 结合周边日益完善的配套，主打配套概念和投资概念；

④ 结合市场需求的新转变，找到符合市场的新卖点进行包装；

⑤ 找到一个新的市场诉求点，使客户产生全新的感受；

⑥ 重新装修，确定售楼处的新风格。如调整过暗的装饰色调，加入金黄色、大红色，调节光线，提升项目总体形象，以符合高品质楼盘的基调。

6.5.4 寻找新的销售途径

尾盘期可以动用的营销费用较少，不能通过大规模推广来实现销售，若想增加客户来访量，要多从推广技术上找到突破点。

6.5.4.1 分析销售缺陷

尾盘是房地产项目开发中必然存在的阶段。从直接原因上看，尾盘是因为销售不利产生的，但病因却始于销售前和销售中。销售尾盘先要梳理尾盘的产生原因，再有针对性地制定营销策略。

（1）开发技术缺陷

除了市场变化的客观因素，企业开发技术层面的缺陷是尾盘出现的首要因素。

因楼盘自身存在的各种问题，导致消费者不接受项目产品。具体因素是：

① 项目前期定位、开发周期、开发节奏、户型设计、配套档次等偏离了市场方向，导致楼盘规划设计落后，不能满足消费者日益提高的生活需求；

② 整体规划布局存在各种"硬伤"问题，如朝向差别、暗房、对视、卫生间太小、主人房不气派等；

③ 对消费群定位不准确，户型内部设计和功能分区不尽合理。

（2）周边配套设施缺陷

项目的周边配套不佳是影响项目销售，出现尾盘的最大原因：

① 项目周边配套设施欠缺，如楼盘在远郊却无地铁或公交车路线少，导致交通不便；

② 附近教育资源、医疗设施、商业和生活配套不齐全。

（3）社会口碑缺陷

项目出现尾盘还有企业运营问题造成的社会口碑不佳这一原因：

① 开发企业在某些销售环节上处理不当，让项目出现产权问题、资金问题等，导致项目暂停施工、延迟交房等；

② 房地产开发企业的信誉不良，与客户或合作单位打官司，社会影响较差；

③ 项目物业管理水平比较低，社会口碑不良，导致项目销售滞缓。

（4）营销手段缺陷

很多房地产开发企业的营销水平偏低，团队不具备使用先进营销手段的能力，无力整合现有或潜在良好资源，错失项目最佳营销时机，主要表现在八个方面（表6-15）。

表6-15　项目营销手段存在缺陷的八个表现

表现	详情释义
未充分挖掘楼盘优势	项目资源未得到充分整合，未能精准界定目标客户，导致营销缺乏针对性
市场低迷仍不愿降价	市场低迷期，促销手段不利，期待市场再现高潮而一举解套，错过最佳销售时机被套牢
过多打"保留单元"牌	热衷于项目"惜售"，保留好单元时间过长，市场广告效果消退，销售不畅
观望态度	项目没有根据市场反应一鼓作气推进销售，而采取观望态度，导致新盘变成旧盘，错过黄金销售周期

表现	详情释义
对客户购房心态缺乏深入了解	对目标客户群研究不深,推广策略、展示楼盘、传播信息的方式和手段过于主观,偏离市场需求
依赖自然销售	营销主管的销售观念陈旧,重开发,轻推广,对市场推广投入不够,过于依赖自然销售,错过宣传时机
忽视项目的售后服务	在销售楼盘的前期显示售后服务的人文关怀,项目进入尾盘期后却管理不善,出现售后服务漏洞,引起老客户投诉,市场口碑下降
没有建立项目的竞争优势	相比楼盘竞争对手在设计、价格或营销手法上的优势,项目自身没有建立与之抗衡的竞争优势,造成项目尾盘销售不畅

6.5.4.2 增加促销手段

尾盘项目销售的新途径,见表6-16。

表6-16 尾盘项目销售新途径

销售突破点	执行方式
与二手房中介合作	与二手房中介合作,将尾盘放入"尾盘超市"委托销售
有奖促销配合销售	如送家电、送物业管理费、现金折扣优惠、免费旅游等形式
降价促销	对部分难以销售的单元以略高于成本的价格出售
全民营销	全员联动,挖掘客户中的销售类人士,实现链式营销
举办促销活动	利用封顶庆典、入伙庆典、公司年庆、业主联谊等活动形成会客高峰,邀请有效目标客户参与
二次入市	调整产品和概念,以现房的概念重新入市

6.5.5 提高销售团队的士气

尾盘销售期的销售团队,士气会相对低落,常表现为无精打采、信心不足。甚至有些销售人员在售楼部内宣传负面信息,进一步影响项目尾盘销售。因此,尾盘期首先要重新管理销售团队,具体如下:

① 遏止消极情绪在售楼部内传播;

② 转变销售人员的观念,对房源充满信心,保持积极向上的态度。可以把剩余房源变为"保留房源",而非"剩下的房子",剩余房源是"别人买不起的房子",而非"没人想买的房子";

③进行强制性培训活动，统一销售口径，重新统一剩余房源的口径，给客户留下剩余房源是好房子的概念。

6.5.6　房地产项目尾盘期的营销策略

在项目尾盘期，不宜把希望寄托在项目提升、新价值点挖掘、新客户群形成等复杂的营销目标上，最有效的往往是直接针对目标客户的营销手段：

①以快速、直接、有效为原则，不追求超额利润，以出货为王；

②寻找相对匹配的促销方式，能迅速出清尾货，快速走量；

③用不同的销售方式、策划和优惠政策吸引消费者。

（1）尾盘降价策略

尾盘降价是房地产企业常采取的尾盘销售策略，用降价吸引足够的客流量去化尾盘。降价能使开发商收回部分资金，但会让大部分准客户进入观望阶段，期待楼盘进一步降价，从而影响销售。项目尾盘的两类降价策略，见表6-17。

表6-17　项目尾盘的两类降价策略

降价策略	执行策略
直接降价	①以价格冲击市场，适合尾盘剩余房源质量差的情况； ②利用尾盘中的好产品拉开差价，体现降价产品的性价比，使消费者在对比中感到实惠； ③降价前须准备好统一销售说辞，让老客户明白房子并未贬值； ④完善物业管理等软性服务手段，增加老客户的权益
隐性降价	①隐性降价策略更具人情味，更容易打动客户； ②方式灵活多变，可使用降低首期款、送物业管理费、送绿化、送车位等多种手段

（2）特价房策略

如果尾盘房源的数量很多，为最大限度地获得更多的利润，一般不宜采取整体降价的策略，而是从中挑出少量房源，以很低的价格推出，即以特价房策略进行尾盘销售。

特价房可能在户型结构、朝向或其他方面有明显的缺陷，由于降价幅度大，性价比相当高，通常一推出就迅速销售一空，这时考虑推出第二批特价房，促进尾盘的销售。特价房策略运用需注意五个问题：

①坚决避免出现特价房不特价，以免推出市场后无人问津；

② 限量特惠，让客户觉得获得了额外的实惠，还能因限量而变得抢手；

③ 制造现场热销、很难买到的紧张气氛，从而带动客户的购房情绪；

④ 通过销控，让客户看到同层、同朝向、同户型房源已售出，现场只剩特价房源；

⑤ 利用周末、节假日来举行特价房活动，集中成交，利用现场人气，促成成交。

（3）老客户促销策略

对尾盘项目来说，最直接、最有效的资源是老客户，这些老客户会向亲朋好友分享自己的购房理由，邀请亲朋好友参观自己的房子，不仅可以传播项目信息，还能成为较为有效的销售人员。在很多市场调研问卷中发现，消费者回答"最信任哪一类购房信息来源"时，最多的答案是亲友告知，而非广告、销售说辞等。老客户是项目良好口碑的传播载体，是短期内实现资金回笼的最有效途径。鼓励老客户带新客户的常见方法，见表6-18。

表6-18　鼓励老客户带新客户的常见方法

方法	具体内容
送物业管理费	老客户享一年物业费，新客户享一定的购房优惠
送购物卡	少量忠诚客户多次介绍新客户，对物业费可能不感兴趣，对此可送购物卡
送购房优惠或购房现金	新客户可享受总价减一定金额的优惠，老客户可享受相应金额的现金奖券
送礼物	如家用电器、旅游机票等

在实际操作中，可结合多种手法，分等级进行。老客户介绍的新客户越多，获得的奖励越高，以此鼓励老客户不断介绍新客户。